ALIZÉ LIM

Préface de Jeanne Siaud-Facchin

ÉLOGE DE L'INCONDITIONNEL

Témoignage d'une zèbre sur le court

Vuibert

Photo de couverture : ©Stéphane Martinache
Couverture : Camille Aubry / Valérie Le Roux
Composition : PCA

ISBN : 978-2-311-62523-3

Site internet : www.vuibert.fr

Préface de Jeanne Siaud-Facchin

Chut, elle se souvient. Les images défilent. Précises. Se décomposent au ralenti. Sa position. L'angle. Le regard : le sien ; celui du bout du court. Son geste : franc, direct. Et pourtant. La balle est trop longue. Elle connaît si bien ce geste. Elle s'est entraînée mille fois. Mille fois les mouvements qui s'enchaînent pour que le coup droit passe, fuse, percute, déstabilise l'adversaire. Marque le point.

Ce souvenir la blesse. Elle ressent comme la lame froide d'un couteau qui lui lacère le cœur. Un regard inattendu croisé dans les tribunes et tout a chaviré. Un regard qui l'a emmenée ailleurs. Qui a désarticulé son corps. Une milliseconde d'inattention et le juge de ligne hurle. La balle a dépassé la ligne blanche. Le point est perdu. Il lui faudra du temps pour se réajuster. S'aligner. Ranimer sa confiance en elle et en son jeu. Son jeu pour lequel elle est tellement entraînée. Retrouver son talent et son expertise de joueuse de tennis de haut niveau. De très haut niveau. Comme son intelligence, comme sa sensibilité, très hauts niveaux.

Ainsi sont ces zèbres[1], surdoués, ou autre hauts potentiels… Tout vibre si fort. Tout est si intense. La pensée va si vite.

---

1. **Petit Larousse 2021.** Zèbre 3. PSYCHOL. Personne surdouée. Cette appellation a été proposée par la psychologue Jeanne Siaud-Facchin afin de dépasser les représentations, jugées pesantes, attachées aux termes *surdoué*, *haut potentiel* ou *enfant précoce*.

L'intelligence est puissante. La sensibilité amplifie chaque murmure, chaque regard, chaque perception. Alors parfois, la concentration vacille et le fil est perdu. Avec Alizé Lim, nous sommes sur un court de tennis ; nous pourrions être en réunion en haut d'une tour de verre, en plein examen sur un bureau de lycée, ou encore autour d'une table entre amis...

Ce livre est l'histoire d'une vie, qui ressemble à mille autres vies, chaque vie est unique, toujours singulière. L'histoire des heurs et malheurs d'un parcours de zèbre, à chaque étape de la vie.

Un livre pour passer derrière le décor, se loger dans l'intimité du vécu d'une petite fille devenue grande professionnelle du sport et qui partage ses moments secrets, ses histoires sacrées. Comprendre de l'intérieur, tout près de l'âme, comment vivent ces personnalités atypiques. Comment grandit-on quand on est surdoué ? Comment traverse-t-on toutes ces étapes qui nous construisent ? Comment assume-t-on d'être différent, de se sentir en décalage ? Comment lie-t-on des relations aux autres quand la blessure de la trahison peut devenir si brûlante ? Comment utilise-t-on ses immenses facilités pour apprendre, comprendre, analyser, réussir ? Comment parfois, tout semble si difficile, infranchissable, alors que tout pourrait être fluide ?

Alizé Lim nous entraîne dans les replis de sa vie, de la petite fille espiègle qui ne comprend pas le sens de l'école, cherche des amis à tout prix, perçoit les paroles des adultes comme des vérités absolues tout en mettant chaque mot en doute et en perspective, qui tremble quand soudain un élément de son environnement vacille, mais qui s'acharne, persévère, avance, croit en elle et à la magie de la vie, prend des risques, en s'appuyant toujours, toujours, sur ses rêves.

Les zèbres sont ainsi. Leur trame de vie s'ancre profondément dans le sens et l'absolu ; leur sensibilité les porte et les emporte ; leur force leur donne une consistance vitale qui parfois surprend ; leur réactivité intellectuelle et émotionnelle est un atout de vivacité, de créativité, d'inventivité, d'originalité et un piège acide où ils peuvent se brûler. Les contrastes sont les marqueurs de leur personnalité. Rarement leur vie est un long fleuve tranquille, sauf quand ils ont étouffé, sabordé, nié, leurs mille singularités ou aspérités. C'est selon.

Les surdoués sont connus depuis longtemps par la psychologie. Leur intelligence, évaluée par des tests psychométriques, se démarque de deux écarts-types (deux paliers) de ce qui est habituellement constaté. L'intelligence de la plupart d'entre nous se situe autour de 100, par convention statistique, celle des surdoués atteint voire dépasse les 130. Une intelligence hors norme validée par des fonctionnements cognitifs qui, eux aussi, se distinguent :

- La rapidité de traitement des informations. Tout ce qui est perçu par l'ensemble des sens arrive au cerveau environ deux fois plus vite.
- La vitesse de traitement des informations à l'intérieur du cerveau est plus rapide et les données sont analysées à grande vitesse.
- La mémoire est puissante, à long terme comme à court terme. Un minuscule détail, pour les autres sans importance, peut rester longtemps un souvenir très vif.
- L'ouverture au monde est plus ample : les sens captent en continu les plus infimes indices et le surdoué vibre au moindre murmure du monde.
- Les sens aiguisés produisent cette sensibilité de tous les instants : tout est plus… tout le temps. Grisant, nourrissant, épuisant… Une broutille peut devenir un cataclysme émo-

tionnel. Un détail peut être la source d'une création exceptionnelle.
- La rapidité et la sensibilité associées sont la source de l'intuition, la précognition, la vision. La lucidité est une arme puissante, mais toujours à double tranchant.

Ces personnalités bouillonnantes, attachantes, étonnantes, ont un immense besoin d'être comprises et reconnues pour ce qu'elles sont, pour leur talent, pour leur capacité à créer, inventer, avancer, pour leur intelligence perceptive qui les branche au monde sans discontinuer. Pour le pire comme pour le meilleur.

Merci Alizé de ce voyage à tes côtés. Ton rayonnement est immense, ta puissance de vivre est contagieuse. Ton talent est réjouissant. Ta créativité est de chaque instant. Alors, oui, tu te fais parfois, souvent, rattraper par ta sensibilité à fleur de peau, par ton besoin incoercible d'absolu, de vérité, de sincérité, de justice, d'intégrité. Tu te retrouves si vite dans des affres qui te plongent soudain dans un trou noir dont tu es bien sûre de ne jamais pouvoir sortir. Et te revoilà ! Puissante ! Phénix renée de ses cendres. Encore plus flamboyante.

J'adore ce livre, j'adore lire dans ton cœur ta vie si intime mais, j'ose le dire, presque universelle. C'est ce qui fait toute la force de tes mots. La force de ton histoire. Le singulier qui parle à tous. Le livre de tous les zèbres. Merci pour eux, ils ont tant besoin qu'on les comprenne, qu'on les aime.

« Celui qui n'a pas le goût de l'absolu
se contente d'une médiocrité tranquille. »

Paul Cézanne

Calvi, Corse, avril 2019

Une journée de plus débute sur le court central du club de tennis de Calvi. Celle des demi-finales. Allongée sur le terrain, je me lance, non sans une immense lassitude, dans ma routine d'échauffement. Je roule mon dos sur ma balle TriggerPoint en essayant tant bien que mal de décontracter les parties endolories de mon corps qui me donne parfois l'impression d'avoir soixante-dix ans. Ma position horizontale à même le sol m'offre une vue sur le ciel, et, si je penche un peu la tête, sur les montagnes au loin, surplombant cette magnifique ville de Calvi, sa citadelle en hauteur, sa plage d'autant plus belle qu'elle est déserte à cette époque-là de l'année.

Ça fait une semaine que je suis là, et j'ai pourtant l'impression qu'elle s'est étirée sur un mois entier. Je n'ai pas eu la moindre opportunité d'explorer d'autres lieux que le club, l'hôtel, le supermarché, ses rayons sans sucre et sans gluten.

À ce moment précis, je rêve de m'échapper, d'aller sur cette plage qui se trouve à dix mètres de moi à peine, juste derrière ces petites dunes qui servent de fond à la balle de tennis pendant les matchs, m'asseoir dans un coin et écouter le bruit des vagues, sans aucune présence humaine dans mon champ magnétique.

Je rêve d'aller marcher, gravir les montagnes, gravir un sommet, n'importe lequel, contempler ce monde d'en haut.

Je songe à la réalité moins poétique qui m'attend tout de suite : courir, se déverrouiller, s'échauffer à tous les coups du tennis, se changer, mettre sa tenue de match, faire ses grips, son logo sur le cordage, sa boisson énergétique. Rentrer sur le court, jouer un match de tennis. Cette tâche me paraît de plus en plus épuisante chaque jour. Se concentrer, lutter contre ses émotions, encore et toujours, du premier au dernier point.

Et pourtant, j'ai très envie de gagner au fond de moi et ne doute pas une seconde que mon instinct animal se réveillera tôt ou tard une fois le match lancé.

Les matchs commencent dans deux heures, le club est quasiment vide. On est censé apprécier atteindre ce stade d'une compétition. J'ai toujours détesté l'atmosphère des fins de tournois. Il y a une différence d'énergie palpable entre les premiers et les derniers jours. Les trois quarts des gens sont partis. L'étau se resserre et chacune des joueuses restantes, bien que restant polie, voit plus que jamais en l'autre une adversaire potentielle imminente, avec le titre en jeu de façon plus palpable qu'au premier jour. D'autres restent qui ne sont plus en lice, et on sent chez elles l'amertume et l'aigreur grimper au fil des jours. Une envie que ce tournoi se termine. Une envie qu'on soit déjà lundi, ce jour de retour à la case départ, avec un esprit neuf pour chacun, dans un nouvel endroit, où tous les espoirs seront à nouveau permis et chacune aura rechargé sa joie de vivre. Même si cette fois, je suis dans la position convoitée, je n'aime pas sentir cette amertume autour de moi. J'y préfère amplement l'atmosphère de découverte d'un nouveau terrain de jeu et la légèreté des premiers jours.

Je pars au vestiaire me préparer. Après avoir enfilé ma tenue de match, je m'installe dans le *players lounge* pour attendre. Le verbe « attendre » évoque une notion de passivité. L'attente avant un match de tennis est l'attente sous sa forme la plus active. Tous mes sens sont en éveil, et pourtant il ne faut pas brûler d'énergie. Il me semble compliqué de me concentrer sur quoi que ce soit d'autre et pourtant penser déjà une heure avant au match qui arrive me brûlerait les ailes. J'essaye de transformer cette attente active en passivité du mieux que je peux. Le plus souvent, la seule chose qu'il me reste à faire est d'abrutir ma tête de vide pour l'empêcher de prendre les directions qui seraient néfastes à ma future performance : soit cogiter sur la compétition, ce qui inviterait trop de tension, soit rêver à des abîmes trop éloignés de ce qui m'attend sur le court et me ramollirait par la même occasion, soit trop me connecter à l'environnement qui m'entoure et donc perdre l'influx nerveux nécessaire à mon match…

J'enfonce mon casque audio sur mes oreilles, je choisis une chanson en prenant bien soin de m'assurer qu'elle ne puisse déclencher aucune émotion particulière en moi et commence à imposer à mon cerveau un flux d'informations inutiles via l'écran de mon téléphone portable.

La dernière fois que j'ai atteint une finale, c'était il y a huit mois, entre deux blessures qui m'ont écartée des courts pendant des mois.

La Fédération française de tennis a mis en place depuis trois mois un nouveau système recensant les performances de toutes les Françaises, afin d'établir une « course » entre elles, en additionnant leurs points marqués chaque semaine. La première obtiendra une invitation pour le tournoi de Roland-Garros.

J'affronte aujourd'hui celle qui est en tête de cette course. Je n'ai jamais été opposée à elle, mon excitation est à son comble. Mon attention et ma concentration sont naturellement démultipliées par dix lorsque j'entre sur le court. Adversaire nouvelle, nouveau jeu à décortiquer. J'exulte.

Je joue aux échecs et j'adore. Que j'aime cet état de plénitude ! Pendant trente minutes, il n'y a pas l'ombre d'une pensée de trop et seul mon instinct s'exprime. Je cours, je frappe, mes intentions sont claires et efficaces, je suis légère et fluide, je suis un oiseau de liberté qui se laisse porter par les courants, je suis un peintre qui jette la peinture avec désinvolture sur la toile là où l'inspiration le guide. 6/0.

Et pourtant, je sais que ça ne va pas durer. Je sais qu'il est quasiment impossible que je tienne un match entier comme ça, sans m'évader. Je sais que quelque chose va craquer car je sais que j'ai cette faille en moi, celle qui ne me permet pas de simplement être un robot qui va reproduire cette même tactique jusqu'au bout sans se poser de questions, sans penser et si. Celle qui ne me permet pas de garder cette agressivité mentale sans jamais m'échapper, de garder cette volonté d'enfoncer le clou jusqu'au bout sans vaciller.

Je sais que l'arborescence des pensées va ressurgir à n'importe quel instant, m'écarter de mon fil, me sortir de mon corps. J'ai l'impression de l'avoir déjà gagnée ma partie d'échecs, car je l'ai compris son jeu, et j'ai cerné ses failles, et j'ai tapé dedans, mais le jeu aujourd'hui c'est du tennis, pas des échecs, pas un problème de maths, et pour gagner un match, il faut continuer.

Elle revient des toilettes, la partie reprend, je me lève de ma chaise, je me place au retour. Le drapeau derrière moi fait du bruit dis donc, il y a beaucoup de vent tout de même sur cette île, tu penses qu'il souffle à combien de kilomètres par heure, je me demande si ce sont les petits écrous métalliques qui tapent comme ça contre le poteau de fer, tu penses qu'ils ont mis un mécanicien sur une immense échelle pour accrocher ce drapeau là-haut, et est-ce qu'ils l'accrochent avec un harnais comme en escalade au cas où il tombe, et merde nous y voilà, allons Alizé, ça va bientôt reprendre. Emma regarde le match depuis le début, elles doivent vraiment être amies pour qu'elle l'encourage comme ça, tu crois qu'elles se voient en dehors du tennis, la dame assise au premier rang là-bas me rappelle la façon dont se tenait ma grand-mère dans notre salon quand elle venait à Noël quand on était petits, je me demande comment c'est la plongée ici tiens, Laetitia m'a dit qu'elle avait essayé je lui demanderai, tais-toi Alizé ça reprend, elle va servir, faute, 15/0. Trop tard oh la la Alizé ne commence pas hein, il faut dire que c'est la première fois qu'ils organisent un tournoi ici, les gens sont vraiment gentils, il ne se passe pas grand-chose à cette époque-là de l'année, 30/0 MAIS ALIZÉ VAS-TU TE CONCENTRER, pardon pardon, allez reconcentre-toi, retourne long au centre comme tout à l'heure, je me rappelle quand j'étais venue en octobre c'était assez désert aussi, ton retour Alizé, tiens c'était déjà il y a six mois, tout ce qu'il s'est passé depuis quand même, 40/0 ALIZÉ JE VAIS TE TUER TU VAS ENCORE TOUT GÂCHER.

Bon 0/1 ce n'est qu'un seul jeu ce n'est pas grave, dès le prochain ça ira mieux, bah mince tiens elle joue dix fois mieux que tout à l'heure, ça devient plus dur de gagner les points dis donc. Eh oui pauvre cruche c'est le fameux système des vases communicants, ouvre un peu la porte, l'autre s'y engouffrera comme un ouragan. C'était mon coach Xavier qui adorait utiliser cette expression des vases communicants, c'est rigolo quand même quand on y pense, je vois deux vases glisser l'un à côté de l'autre, des vases chinois d'ailleurs, pourquoi chinois tiens, peut-être parce que mes parents en avaient à la maison quand on était petits, bleus avec des motifs blancs, je crois que c'était mon oncle qui les ramenait d'Asie, ALIZÉ j'en ai officiellement marre de toi, tu viens de perdre deux jeux sans même t'en rendre compte. J'ai pourtant tellement envie de le gagner ce match. J'ai envie de me frapper mais au tennis, le mot d'ordre est de ne rien montrer. J'accepte.

Me voilà dans le combat, plus rien n'est pareil, mais ce n'est pas grave, je vais continuer d'essayer et me battre jusqu'au bout en donnant tout ce que j'ai en moi aujourd'hui, car je sais que si je le fais je ne m'en voudrai pas, de toute façon tu le sais que tu es comme ça Alizé, ce n'est pas grave il faut l'accepter, on est comme on est et ta tête tu ne pourras jamais l'apprivoiser pendant deux heures sans faille. Ça donnera ce que ça donnera, de toute façon c'est l'histoire de ta vie. Je cours je lutte je combats, j'aime ça aussi à vrai dire, quand c'est difficile, quand l'adrénaline et la rage sont à leur comble, c'est une autre façon de s'oublier et de planer. Dis donc elle joue vraiment mieux que tout à l'heure, ah oui mais tiens c'est vrai que toi tu ne joues pas tout à fait pareil, il va falloir y songer s'il y a un troisième set dis donc, ah mais tais-toi donc et reste dans l'instant présent, bon trop tard, 6/4 pour elle.

Ce n'est pas grave, continue de te battre comme tu l'as dit de toute façon tu n'as que ça à faire et à ce stade-là, c'est tout ce qu'il te reste. Mon Dieu que j'aime ça, mais que disais-je c'est la plus belle chose au monde, je ne pourrai jamais me passer de ça, ça y est 2/2 au troisième set, je suis fatiguée, j'ai chaud, je ressens le public, son silence, ses murmures, ses encouragements, le soleil qui me tape sur la tête et alourdit mes jambes, la lutte interne de mon adversaire, sa fatigue, sa frustration, sa volonté, ma volonté, nos « allez », le poing serré, mes jambes qui peinent mais continuent grâce à ma tête qui leur dit de se taire. Et puis ça y est, ma tête elle-même se tait aussi, plus rien n'existe, plus rien ne compte sur cette terre d'autre que de gagner ce match, et chacun de ces points, ma tête se tait, enfin elle se tait. Mon état de grâce à moi, c'est quand ma tête se tait. Allez Alizé, tu tiens le bon bout, continue, accroche-toi, tu y es presque. Je le veux tellement, si vous saviez. Mon cerveau a fermé les vannes, ne laisse plus rien entrer et seul l'instinct agit, il ne se concentre plus que sur ce que je dois faire sur ce court de tennis. Je le veux ce match et je l'aurai. Je sens qu'elle, au contraire, s'échappe de plus en plus.

4/2 40/30 pour moi. Faute, ALLEZ 5/2, cette fois je la tiens !

L'arbitre n'a pas annoncé faute. La balle était trente centimètres dehors mais l'arbitre n'a pas annoncé faute et il me regarde fixement sans émettre le moindre son. Je me retourne vers la juge de ligne, qui reste stoïque. Non, je n'y crois pas, ce n'est pas possible, enfin.

Il hoche la tête pour me confirmer que c'est comme ça, mon adversaire est gênée, je ressens les murmures, l'agitation dans les tribunes, je ne peux pas le croire, c'est trop injuste, enfin faites quelque chose, je retiens mes larmes et j'essaye tant bien que mal d'apaiser ma tête qui se met à fumer. Comment est-ce possible. Je sens ce nuage noir flotter au-dessus de ma tête, celui qui menace de s'emparer de moi comme tant de fois par le passé, celui du refus de l'injustice, celui qui va déclencher l'ouragan, qui va faire éclater toute cognition de ce qu'il est en train de se passer sur ce court de tennis. Respire, souffle. Instant présent. Surtout, ne rien laisser transparaître. Elle n'en deviendrait que plus forte. Si tu te laisses emporter, si tu lâches la rampe maintenant, tu l'as déjà expérimenté tant de fois par le passé, la seule personne que tu puniras sera toi-même. La seule personne qui sera triste ce soir sera toi-même. Allez Alizé, 40 A, tu es toujours devant après tout, oui mais l'arbitre j'ai envie de le tuer, et le drapeau claque derrière moi, je l'entends à nouveau, et je n'en peux plus de son cliquetis de métal.

C'est un effort immense, je m'y attelle à nouveau mais ravaler autant d'émotions m'a rendue froide et distante malgré moi. J'ai baissé mon curseur d'intensité émotionnelle pour ne pas exploser, et maintenant il est trop bas. En un souffle, tout a basculé, j'ai perdu mon avance.

Je commence à sentir des crampes très éphémères çà et là, mes jambes répondent de moins en moins, j'ai perdu le fil et son vase chinois a dépassé le mien, certes, la lutte interne est à son comble mais je ne me laisserai pas abattre, c'est promis.

5/6 40/15. Encore un effort, tu vois, tu peux encore t'en sortir. Alors que je sers ma première balle, mon ischio-jambier me fait faux bond, il se tétanise, je tombe par terre. Je crie, j'ai mal, je tire comme je peux sur mon genou pour tendre cette jambe qui ne m'appartient plus, comment faire pour la remettre dans le bon sens, vite réfléchis. Mon adversaire traverse le terrain pour me venir en aide, je ne peux pas la laisser perdre son fil à elle car je sais pertinemment qu'avec une jambe en moins ou même deux, je n'abandonnerai jamais ce match. « Ne t'inquiète pas, c'est gentil, mais ne te déconcentre pas, retourne là-bas car je n'arrêterai pas tu sais. » Cette fille a l'air foncièrement gentille, je le sens et c'est si rare, je ne peux pas ne pas lui rendre sa gentillesse. Elle s'exécute. L'arbitre, désolé, me laisse à son tour, je lui jette un regard dont je sais qu'il sait qu'il veut dire « On n'en serait pas là si tu ne m'avais pas fait ça tout à l'heure. »

Me revoilà debout, mais j'ai perdu l'usage d'une jambe et chaque mouvement menace de me revoir au sol. J'ordonne avec ma tête à l'impératif le plus impératif à mon corps de s'exécuter mais il ne répond plus, il n'y a rien à faire, un point, deux points, trois points, jeu set et match, c'est terminé pour moi, je serre la main.

Je sors du court, je me dirige vers la plage, j'ai un poignard dans le ventre, les yeux inondés de larmes. Le poignard trifouille, tourne et retourne mes entrailles, j'ai si mal, ma respiration se coupe et s'accélère, j'attrape mon téléphone, j'écris à mes proches, vite, à l'aide s'il vous plaît.

J'ai la chance inouïe d'avoir toujours une armée de proches qui suit mes scores sur Internet et qui m'attend sur mon téléphone à la fin de chaque match. Ma famille, mes amis, mon amoureux.

Non non non, cette douleur, je ne veux plus jamais la ressentir, j'ai trop mal, c'est inhumain, et dire que j'aurais été si heureuse, si seulement il ne m'avait pas volé ce point, j'ai des rivières de larmes dans les yeux, je n'y vois plus rien et je suffoque, je hais ce sport, il me fait tant de mal, je lui donne tout et il finit toujours par me détruire.

Je ne veux plus, cette fois, je ne peux plus. Et ma plus grande douleur dans tout ça, c'est que ce déchirement dans mes entrailles, je le vis seule, alors que le partager apaiserait déjà ma souffrance un tout petit peu, ça j'en suis sûre.

J'écris sur mon téléphone, je ne trouve pas les mots qui rendent justice à ce que je viens de vivre, je finis par simplement dire à mon amoureux « J'aurais aimé que tu sois là. ». Je sais que ça le rendra triste mais c'est tant pis, je n'ai plus la force pour être empathique maintenant, il faut bien que je puisse m'en prendre à quelqu'un.

Tennis, je te hais, tu es tout-puissant et tu sais pertinemment que nous revenons toujours à toi tôt ou tard, tu me sabotes, et j'aimerais tellement affirmer que je te bouderai à vie désormais, mais je sais que dans deux jours tu me manqueras déjà.

Il va falloir se calmer Alizé, il va falloir avancer, organiser la suite, digérer, malgré ce poignard qui continue de creuser.

Ça serait tellement plus simple pourtant de se laisser mourir sur cette plage, se faire emporter par les vagues telle une bouteille à la mer.

Je rassemble mes affaires et finis par me lever. Chaque parcelle de mon corps couine de ce que je viens de lui infliger pendant plus de trois heures sur le court. Le directeur du tournoi prend l'initiative de me reconduire lui-même à l'hôtel. Dans la voiture, il me dit : « C'est incroyable quand même, les deux seules personnes dans tout le club aujourd'hui qui n'ont pas vu cette balle faute, ce sont l'arbitre et la juge de ligne. »

Puis il ajoute, comme on dit à un enfant pour le consoler d'un gros chagrin : « L'année prochaine, tu reviendras et on lui interdira de revenir, à cet arbitre ! »

Il est gentil. J'esquisse un sourire triste.

Je n'ai pas faim, à vrai dire j'ai même mal au ventre avec toutes ces barres, ces gels et ces boissons sucrées que j'ai ingurgités pendant des heures pour résister physiquement sur le court, mais je sais qu'il va falloir manger sinon je ne pourrai jamais me lever du lit demain matin. Je sais que je n'aurai jamais la force d'aller m'asseoir dans un restaurant, interpeller un serveur, demander la carte, passer ma commande. J'attrape une boîte de thon et une barquette de carottes râpées au supermarché avant de monter dans ma chambre d'hôtel, ça fera l'affaire, protéines, légumes et féculents, il me reste du riz dans le frigo.

Je me force à accepter qu'il y ait une suite après tout ça, je n'ai pas envie et rien que la pensée de devoir aller me doucher m'épuise, mais je me penche sur les horaires des vols et en réserve un pour le lendemain matin.

J'ouvre le rideau et observe un coucher de soleil imminent. Je n'ai franchement pas envie de le regarder de ma chambre, au milieu de mes affaires de tennis étalées sur le lit, les vêtements encore trempés de mon match et les cadavres de bouteilles de boisson énergétique qui jonchent le sol à côté de mon sac de tennis.

Je vais devoir partir assez tôt demain matin, si je veux voir un petit bout de Calvi c'est maintenant ou jamais. J'attrape mon téléphone et mes écouteurs et je descends. C'est de là-haut que je veux regarder le soleil se coucher, à la citadelle.

Je marche vers les hauteurs, musique dans les oreilles. Cette semaine a été si spéciale. Qu'est-ce qui justifie autant de souffrance ? L'adrénaline ? L'argent n'a jamais été une motivation. Pourquoi consacrer sa vie à ce tourbillon infernal ?

J'aperçois un sentier qui contourne les remparts, je me faufile entre les rochers et m'assieds sur l'un d'entre eux. Je peux voir la mer d'en haut et l'horizon qui commence à se colorer de teintes pourpres et orangées.

Ce soir, c'est entre la terre et moi, et je suis persuadée d'avoir la meilleure place pour assister à ce spectacle.

Depuis quand est-ce devenu un tourbillon ? Est-on destiné à la voie qu'on a choisie ? Est-il légitime de consacrer sa vie à quelque chose qui nous met sans cesse au bord du précipice ? Au bord duquel on se verra soit s'envoler de bonheur, soit tomber dans un gouffre de désespoir ? Ma nature jusqu'au-boutiste, mon amour pour le jeu, mon avidité de découverte m'ont conduite à repousser toutes les limites de mon fonctionnement pour ce sport.

Mais si je ferme les yeux, les souvenirs que j'aime me remémorer ne sont pas nécessairement des victoires ou des résultats purs. Ils ne sont pas ceux vécus lors des tournois les plus prestigieux non plus. Exclues aussi toutes les victoires obtenues avec ces coachs présents simplement car je les payais pour être là.

Les souvenirs que j'aime me remémorer de l'aventure sont les moments vécus dans l'amour et le partage. Un des rares matchs joués devant ma meilleure amie à Saint-Malo quand je sais aussi que mon coach adoré me regarde derrière la petite caméra qui nous filme sur le court ; mes combats de 3 h 30 en connexion intense et totale sur et hors du court avec ma copine ostéopathe dans un petit tournoi en Caroline du Sud ; mon copain de l'époque qui fait trois doubles fautes de stress quand il sert pour le match lors de notre premier double mixte à Roland-Garros tellement nous voulons gagner l'un pour l'autre ; une victoire miraculeuse au deuxième tour des qualifications à l'US Open remportée dans la douleur d'une déchirure aux abdominaux devant ma famille ; la première fois que je joue un match à rebondissements en sauvant une balle de match en Guadeloupe devant le copain qui lui a succédé, que je l'ai regardé tout du long en serrant le poing et qu'il me tombe dans les bras en larmes à la sortie du court.

La quête de cette idée de la réussite, que chacun se définit comme il l'entend, qu'on se représente au tennis par un nombre, le classement, toute seule et pour moi toute seule, n'a plus de sens.

Le dénominateur commun de ce qui a du sens, c'est le partage, c'est l'inconditionnel.

L'infini des possibles

Ma mère, psychologue, fut celle qui veilla de très près à ce que ma sœur, mon frère et moi grandissions épanouis, à la maison comme à l'école. Elle dévoua la totalité de son temps afin de nous nourrir chaque jour. De me nourrir. Et par nourrir, j'entends donner à manger à mon âme. Car j'étais difficilement rassasiable.

À la maison, elle fut fée organisatrice d'activités sans discontinuer, entre ateliers peinture, papier mâché, pâte à modeler ou autres festivités. Mais ce n'était pas suffisant, et il fallut me conduire à toutes sortes d'activités qui suscitaient ma curiosité : danse classique, danse moderne, poterie, équitation, cirque, ateliers multisports, ping-pong, dessin, concours d'orthographe… Tout ce que faisait mon frère, il était impensable que je n'y participe pas aussi, et tout ce que faisait ma sœur, je devais bien avoir le droit d'essayer également. À eux deux, ils représentaient l'infini des possibles pour assouvir ma curiosité : je grandissais mi-fille mi-garçon, remplie à merveille de cette double inspiration.

Ma grande sœur était élancée, gracieuse, féminine et je rêvais d'être comme elle. Je la suivais dans ses cours de danse ou ses jeux de déguisement, et là où elle brillait d'une beauté et d'une élégance naturelles, j'étais le petit gnome disgracieux qui, à côté, tentait de l'imiter malgré son gros ventre proéminent, sans jamais déroger à un sourire enchanté. Si je m'essayais à certaines reprises à reproduire sa grâce, je me heurtais bien vite à ma maladresse naturelle. Je m'adonnais à ses jeux de filles, entre chorégraphies de danse et ateliers coupe de cheveux aux poupées Barbie, puis repartais avec mon frère à ce qui était en adéquation avec mon ADN : grimper aux arbres, dévaler les escaliers à vélo, faire la course en lâchant le guidon, s'aimer et se détester, se disputer et se réconcilier.

Mon grand frère était le meilleur compagnon de jeu de l'Univers. Il savait tout mieux, il faisait tout mieux, il était la sagesse et la raisonnabilité incarnées. Il construisait les plus belles tours de Lego, il était Dieu. Mais il ne fallait pas l'admettre ni le lui faire savoir, parce qu'il était également un formidable objet de compétition. Un adversaire perdrait tout intérêt d'existence si on lui avouait sa suprématie en amont. Essayer de l'égaliser dans tous nos loisirs, ou même tenter de le battre, était un moteur que je ne pouvais me permettre de perdre. J'étais aimantée à lui.

Ainsi, je ne manquais jamais de me donner des objectifs aussi ambitieux que de réaliser de plus belles sculptures de pâte à modeler que lui ou bien des peintures plus colorées que les siennes. Et bien sûr, comme presque tous les enfants du monde, je m'assurais toujours que son assiette ne contienne pas plus de coquillettes que la mienne.

Le week-end, nous chargions la voiture de vélos, rollers et autres jeux ou moyens de locomotion et partions pour l'après-midi entière rejoindre des amis de nos parents et leurs trois filles à la Cité Universitaire de Paris. Nous y passâmes chaque après-midi de chaque week-end pendant près de douze ans. J'étais ravie. Les adultes, occupés à jouer au tennis, nous laissaient la liberté totale d'explorer cet immense parc de trente-quatre hectares qui regorgeait de trésors infinis : milliers de marrons et bâtons de bois à collecter et dont il faudrait convaincre papa et maman de l'utilité certaine de les ramener à la maison, foyers à créer sous les escaliers, poiriers de cinq mètres de haut à escalader pour en décrocher un fruit incomestible et se sentir l'âme d'un héros, kilomètres d'allées au béton irrégulier à parcourir en patins ou vélos et idéales pour entretenir les croûtes décorant nos coudes et genoux, et de nombreux étudiants venus du monde entier à observer, profitant de leur repos le temps d'une balade.

Quiconque ayant grandi à la campagne trouvera cette liste bien banale. Mais pour des enfants grandissant à Paris, il s'agissait bel et bien d'un paradis.

Notre base de campement se situait sur le court de tennis, occupé toute l'après-midi par nos parents et leurs amis. Ainsi, lorsque je m'octroyais une pause bien méritée au milieu de ce dur labeur, j'exigeais, dès l'âge de deux ans, que les adultes me fassent essayer ce jeu. Courir après une balle, taper dedans avec une raquette, et surtout, partager cet échange avec quelqu'un, me ravissaient au plus haut point. La personne en face de moi était mon alliée et j'atteignais des sommets d'enthousiasme lorsque mon père et moi comptions à haute voix le nombre de balles frappées et que ces chiffres me satisfaisaient.

Un outrage insensé

Ma pauvre mère put à peine compter sur l'école pour l'aider à compléter mes heures d'assouvissement.

Arrivée en première section de maternelle, je scrutai ce nouvel environnement et décrétai rapidement qu'il n'y avait rien à en tirer. On s'affairait tous à accomplir le même dessin ou puzzle en une journée entière et la maîtresse m'apparaissait cruellement dénuée de lumière. On tenta de plus auprès de moi un outrage insensé : me séparer de mon doudou. En vain. Mes pleurs et hurlements eurent raison de leur entreprise d'arrachement. Ce fut le seul usage que je fis de mes cordes vocales dans cette classe : je rassemblai toute mon ingéniosité et eus la merveilleuse idée de prétendre n'avoir pas accès à la parole afin qu'on me laissât vaquer à mes occupations personnelles.

Un soir où ma mère était convoquée pour mon manque de docilité, je surpris une discussion envenimée entre elle et la maîtresse. Cette dernière l'informait de mon incapacité à assembler un puzzle de neuf pièces, conclusion qu'elle tirait de mon refus de participer à cette activité. De retour à la maison, je fonçai dans la chambre de mon frère et m'attelai à ses puzzles de trente-cinq pièces. Le lendemain, je l'achevai sous ses yeux afin de me garantir un forfait de tranquillité pour les prochains mois.

Un matin, j'aperçus ma copine Julia. Je sentis une lueur d'espoir renaître en moi. Je demandai à rejoindre sa classe.

— Tu es trop petite.

— Julia et moi jouons souvent ensemble au parc et à la maison. Elle n'est pas plus grande que moi.

— Julia a deux ans de plus que toi. Tu ne peux pas aller dans sa classe.

Quelle injustice ! J'aurais aimé au moins pouvoir passer les récréations avec elle ! Quel argument infondé ! J'examinai les solutions qui s'offraient à moi. Après tout, les adultes qui surveillaient la cour d'école étaient le plus souvent très distraits. J'en profitai pour m'emparer des quelques chaises rangées le long du préau et les empiler les unes sur les autres. Ainsi, je pus sans difficulté escalader la grille et la rejoindre le temps d'une récréation. Puis deux, puis trois. Je retrouvais alors les délices de l'enfance et jouais de toutes mes forces avant de retourner au bagne.

Hélas, on finit par me voir et me réprimander : même pour jouer avec elle dans la cour, j'étais « trop petite » ! Trop petite… Pourquoi s'évertuer à grandir si c'était pour être éternellement trop petite !

De retour à la maison, je ne me déplaçai plus qu'à quatre pattes et réclamai de me nourrir à nouveau au biberon. Quitte à être trop petite, autant l'être pour de bon. J'avais toujours aimé engloutir ce lait chocolaté en position allongée et m'en nourrirais sans problème pour la vie.

Ce manège dura un bon mois au terme duquel ma mère accepta d'envisager une autre solution. Elle me fit comprendre qu'elle n'était plus en mesure de s'occuper de moi à temps plein car elle devait désormais se rendre à un travail où elle s'occupait d'enfants à problèmes. J'essayai de contenir mon désarroi face à une telle infidélité. Moi aussi, j'en avais des problèmes ! J'avais récemment dû entreprendre une grève de la faim car on ne me laissait même pas m'asseoir avec mon grand frère à la cantine. Je m'apprêtais à protester lorsque je me rappelai tous ces sermons barbants sur la notion de partage que j'avais dû subir lors d'activités pratiquées avec mon frère et ma sœur.

Nous convînmes d'un compromis et j'acceptai de retourner à la ribambelle où le contenu des activités s'avérait bien plus intéressant. Je pouvais là-bas profiter de la présence de ces petits âgés d'un an et demi à peine pour les pouponner. Quelle meilleure compagnie que ces tout petits humains, d'au moins un an de moins que moi, à qui je pouvais prêter assistance pour manger, s'habiller, ou bien enlever et remettre leurs chaussures ? Tout rentra dans l'ordre.

À la fin de l'année, il y eut le déménagement. Nous quittâmes Paris pour un nouvel appartement plus grand dans une ville limitrophe et, affirmait ma mère, « chacun aurait sa chambre ». J'avais jusqu'ici toujours partagé la même chambre que mon frère et ma sœur.

Cette nouvelle étape s'avéra d'emblée calamiteuse. Nous arrivâmes dans le nouvel appartement. Je pris connaissance des lieux et ne tardai pas à déceler une embûche. La colère monta en moi comme une vieille amie.

— Il n'y a que quatre chambres ! protestai-je violemment auprès de ma mère.

— Oui en effet, il y en a quatre. Et alors ?

— Tu m'avais dit que nous aurions chacun une chambre dans le nouvel appartement !

— Oui, et c'est le cas. Vous avez chacun votre chambre.

— Mais nous sommes cinq et il n'y a que quatre chambres.

Toi, tu vas encore partager la même chambre que papa ! Tu m'as menti !

Je laissai éclater des larmes de rage. Je vis son visage se décontenancer le temps d'une seconde.

— Je parlais de vous, les enfants, quand j'ai dit ça. Oui, je vais toujours partager la chambre avec papa.

— Alors nous n'aurons pas chacun notre chambre. Tu m'as menti, articulai-je péniblement entre deux sanglots. Tu aurais dû dire "chaque enfant aura sa chambre", et non "chacun aura sa chambre".

Je séchai mes larmes. Elle me promit de prêter attention à l'exactitude de ses propos afin d'éviter un nouvel épisode de trahison.

Nouvelle ville signifiait fatalement nouvelle école. On me conduisit jusqu'au lieu où je devrais passer ma deuxième section de maternelle. Je redoutais déjà l'affront ultime que j'avais dû subir la rentrée précédente : celui de devoir abandonner mon doudou.

Je rencontrai ma nouvelle maîtresse. Quelle belle surprise ! Elle s'appelait Christine et il émanait d'elle une douceur merveilleuse. Elle sut tout de suite trouver les mots justes pour parler à mon cœur.

Dès le troisième jour, elle me proposa un nouvel exercice personnel. Elle me confia les fiches portant le prénom des élèves et me chargea de remettre la sienne à chacun d'entre eux. Ravie, je m'exécutai et me retournai vers elle, sourire triomphant aux lèvres, fière d'avoir commis un sans-faute.

— Mais tu sais lire toi ?

— Ben oui.

— Je parlerai à ta maman ce soir.

Je me rappelai soudain les réprimandes qu'avait dû subir ma

pauvre mère l'an précédent, le jour où j'avais osé écrire des lettres sur ma feuille au lieu de colorier entre les lignes. La malheureuse avait dû affronter une maîtresse furieuse l'accusant de me faire l'école à la maison.

— Oh non s'il vous plaît, je lui ai promis de ne pas faire des problèmes cette année.

— Ne t'inquiète pas. Montre-moi comment tu écris ?

Je griffonnai quelques phrases en lettres cursives et lui tendis la feuille.

— Je peux garder mon doudou ? hasardai-je, poussée par un éclair intuitif.

— Oui, tu peux.

Ce pacte m'octroyant un traitement de faveur scella notre amour pour de bon. Si savoir lire et écrire m'offrait l'accès éternel à mon doudou, alors j'étais plus que jamais avide d'apprendre d'autres équations.

Elle organisa une rencontre entre un psychologue et moi. J'eus recours à mon ancienne technique de mutisme et me débarrassai rapidement de cette épreuve.

L'année se déroula à merveille. Je me réjouis chaque matin de passer la journée à ses côtés. Jamais ne porta-t-elle de jugement sur mes lubies vestimentaires, telles que me chausser de mes bottes de pluie par 30 degrés ou bien de mes chaussures de plage au retour des vacances de Noël. Échapper au rituel de la sieste avec le reste du groupe, avoir le droit de m'allonger seule au pied de sa chaise, l'encercler de mes bras, célébrer chaque jour notre lien inconditionnel à travers ce cylindre métallique propulsait mon cœur vers les sommets de l'amour. Mes blessures récurrentes, conséquences de mes multiples cascades et expérimentations, ne devenaient qu'une excuse de plus pour échapper à la récréation et rester à ses côtés. Christine me laissait circuler dans la classe, écrire au lieu de dessiner, et accueillait chaque matin ma course effrénée vers ses bras d'un immense sourire. Si je n'apercevais pas sa voiture sur le parking le matin, on se heurtait à mon refus catégorique d'entrer dans le bâtiment de l'école.

Jusqu'au jour terrible où on essaya de me duper. Sa voiture ne vint jamais. Ma maîtresse bien-aimée, mon héroïne, était soi-disant malade et m'abandonnait donc pour une durée indéterminée. On tenta de me faire passer la journée en compagnie d'une inconnue qui prétendait lui tenir lieu de remplaçante. C'était sous-estimer toute la fidélité dont une enfant de quatre ans est capable et je dus avoir recours à toutes mes capacités motrices et vocales afin d'éviter de prendre part à cet horrible complot. Ainsi, ma pauvre mère dut faire face à une petite fille qui ne trouva pas mieux à faire que de se rouler par terre et hurler à gorge déployée dans le hall de l'école pour annoncer son refus d'aller en classe.

Les adultes se réunirent et tranchèrent qu'ils m'accordaient le droit de rejoindre la classe de mon frère en grande section jusqu'au retour de ma bien-aimée, afin d'épargner à leurs tympans de nouveaux braillements intempestifs. Mon frère et mon doudou, me voilà rassurée, c'était comme à la maison. J'acceptai ce traité de paix avec grande joie.

Les instituteurs de mon école maternelle n'avaient cependant visiblement pas apprécié cette nouvelle entreprise de grève car ils firent en sorte de se débarrasser de moi plus tôt que prévu.

Qu'ils m'aiment vraiment

À cinq ans, on m'envoya au CP, on expédia mon frère en CE1. Un grand frère devait rester un grand frère. Finis les dessins et les puzzles, j'avais officiellement droit à la vraie école ! L'école où je passerais encore plus de temps à lire et à écrire ! Face à cette promesse j'acceptai, le cœur lourd, d'abandonner mon doudou à la maison.

Désillusion dès le premier jour, où je n'eus droit qu'à la lettre A. On n'était pas près de formuler une phrase à ce train-là. L'ennui s'empara de moi. Je fouillai mon sac en quête d'un quelconque objet de distraction, mais n'y trouvai rien. Je tentai de reprendre mes anciennes habitudes et de m'extraire silencieusement de l'exercice proposé. Je me levai de ma chaise et entrepris une balade parmi les rangs. La maîtresse, malgré une gentillesse indubitable, me fit rasseoir. Un peu plus tard, je tentai d'aller m'asseoir au fond de la classe afin de m'atteler à de nouvelles occupations. Je n'y dérangerais personne cette fois ! On m'obligea à nouveau à regagner mon siège. Une journée entière assise à une table, avait-on perdu la raison ?

Quelques jours plus tard lors d'un exercice d'écriture, alors que j'observai comme à mon habitude la salle silencieuse autour de moi, je fus saisie d'une idée lumineuse. Les élèves avaient le nez penché sur leur pupitre, concentrés, et la maîtresse qui passait dans les rangs pour superviser le travail, s'était arrêtée pour venir en aide à l'un d'entre eux. Vite, pas de temps à perdre, je rangeai furtivement ma feuille et entrepris sur une nouvelle page d'écrire de la main gauche. C'était beaucoup plus dur ! Mes lettres peinaient à rester entre les lignes et donnaient à croire que je souffrais d'une maladie neurologique. Peu importe, j'étais visiblement ici pour pas mal de temps, j'aurais tout le temps et le loisir de parfaire ma calligraphie de gauchère. J'aimais la concentration que ce nouvel exercice auto-inventé exigeait de moi. Je pris le plus grand plaisir à laisser mon esprit hypnotisé observer le trajet de ma main maladroite danser sur le papier durant les deux premières semaines de l'année.

Nouvelle désillusion. J'étais si mauvaise qu'on s'alarma trop rapidement de ma mal habileté. On convoqua ma mère.

— La maîtresse me dit que tu écris de la main gauche.

— Mais je sais déjà écrire de la main droite ! m'indignai-je.

— Tu es droitière, tu dois écrire de la main droite.

Je trouvais cet argument plutôt léger mais lus dans le regard de ma mère qu'elle n'y était pour rien et conclus que l'affaire ne serait pas négociable. « Je trouverai bien autre chose », me rassurai-je.

Le soir même à la maison, j'entrepris de tenir mon livre à l'envers pour mes exercices de lecture. Je jubilais. Pas question de droite ou de gauche cette fois, j'étais hors de portée.

Au fil des semaines, la douce maîtresse fit preuve de plus en plus de bonne grâce, me laissant occasionnellement me plonger dans mes livres tant que je restais à mon pupitre. Sensible à mon ennui rongeur qu'il lui était parfois difficile d'ignorer, il lui arrivait également de capituler et de me mandater à réaliser diverses missions pour la seconder dans son travail.

Les négociations s'avéraient cependant toujours aussi difficiles auprès de ma mère. Par exemple, ma requête d'avoir un petit frère ou une petite sœur était sans issue. Après tout, pourquoi étais-je la seule enfant de la famille à ne pas jouir de cette expérience ? J'avais parfois l'occasion de côtoyer des bébés, et je rêvais de pouvoir en cajoler un à plein temps à la maison. Je réclamai à plusieurs reprises qu'on me fît cette faveur. Sans succès. Je me résignai à accepter silencieusement cette injustice.

Ce qui n'était pas toujours le cas. Les injustices profondes, telles que le refus de m'inscrire à un sport de combat, ou bien de me laisser installer le bocal de mon poisson rouge dans ma chambre, pouvaient d'habitude déclencher chez moi une crise violente.

Un jour où j'entrais dans une de ces colères noires et fuyais dans ma chambre, pleurant, hurlant, suffoquant de manière incontrôlable, je décidai qu'ils le regretteraient. Comment mes parents pouvaient-ils me vouloir autant de mal ? Je décidai à travers mes sanglots que je disparaîtrais ; ils réaliseraient alors leur bêtise. Je songeai tout d'abord au suicide. Après tout j'avais déjà bien assez vécu. J'aurais bientôt six ans, et ç'avait déjà été très éprouvant. J'avais connu la mer, la neige, le ski, le tennis, la luge, l'ivresse de la vitesse, la fièvre, j'avais récité toutes les répliques de Toy Story dix fois par cœur, j'avais parlé anglais avec Mickey sur mes cassettes audio, j'avais connu de rudes bagarres avec mon frère, expérimenté l'imposture lors des ateliers de déguisement orchestrés par ma sœur, marché trois cents pas sans toucher les lignes dans la rue, j'avais même récemment troqué mon biberon de Nesquik pour les céréales de ma maman au petit déjeuner. Que pourrait-il encore m'arriver de bien intéressant ?

D'ailleurs, ce feu d'artifice qui avait lieu pour mon anniversaire (je suis née un 13 juillet) serait-il annulé si je venais à mourir ? J'imaginais ces milliers de gens défiler tête baissée, le regard accablé, vêtus de noir, leurs lampions ne les éclairant plus que d'une faible lueur jaunâtre, et secouant la tête l'air de dire : « Comment a-t-on pu laisser une chose pareille arriver, une petite fille si pleine de vie, quel malheur... Si seulement ses parents... »

Alors que je m'exaltais de ce délire intérieur, je dus rapidement admettre que je manquais de courage et optai pour une option plus modérée : la fugue. Je quittai donc ma chambre, me dirigeant le plus silencieusement possible vers la porte d'entrée de notre appartement. Une fois hissée dehors, je songeai à travers mes larmes : « Bon et maintenant ? Oui mais si je prends l'ascenseur et disparais totalement, je ne pourrai même pas voir leur réaction, et je ne saurai pas s'ils ont peur de me perdre ou non... Si je me cache dans la cage d'escalier, là, juste au-dessus, ça sera peut-être mieux, je pourrai voir ou entendre ce qu'il se passe... S'ils paniquent, je saurai alors qu'ils m'aiment vraiment. »

Mon père sortit peu de temps après, interpella mon nom à plusieurs reprises, ouvrit la porte des escaliers, ne tarda pas à me trouver et m'ordonna de rentrer. La peur que me suscitait mon père dans ces moments de conflit m'envahit, je m'exécutai sur-le-champ mais ne perdis pas pour autant mon sens de l'observation : quelle indifférence ! Pas une larme versée, pas une once d'inquiétude dans sa voix ! Mes parents ne m'aimaient donc pas. Il me faudrait songer à organiser un départ définitif très prochainement.

Quelque trente minutes plus tard, la vie était redevenue arc-en-ciel.

Dans la plupart des foyers, l'un des deux parents jouit d'une autorité plus forte et est par conséquent celui qu'on désigne pour intervenir en cas de crise. C'était le cas de mon père. Passant moins de temps avec nous à la maison, il avait moins d'occasions de nous réprimander et y était donc plus efficace. Qui crie plus rarement fait trembler le plus. J'avais peur de ses réprimandes et lui trouvais une sévérité effroyable. Je compris des années plus tard que mon père avait l'âme folâtre d'un enfant de douze ans. Comment avait-il pu nous duper à ce point ? Était-ce mon âme d'enfant qui interprétait avec toute sa subjectivité ou bien avait-il appliqué une loi à laquelle chacun se plierait tôt ou tard : devoir se cacher d'être enfant soi-même et faire semblant d'être adulte ?

Pierres précieuses

La vie à l'école primaire suivait son cours et se résumait finalement pour moi à deux priorités : avoir au moins une copine fidèle qui serait volontaire pour explorer ardemment les mêmes jeux ou activités que moi, à chaque récréation de chaque jour, et faire naître une histoire d'amour avec ma maîtresse. Ce dernier point était primordial pour moi. Je devais sentir son affection profonde pour moi, et je l'aimerais en retour. Comment supporter de passer une année entière de sa vie à faire face cinq jours sur sept, cinq heures par jour, à une personne pour qui on n'éprouve pas la moindre affection, à l'âge de six ans, sous prétexte qu'on est simplement là pour apprendre ?

Arrivée en CE1, la tâche s'avéra compliquée : la fille de la maîtresse faisant partie des élèves, c'était perdu d'avance. Elle resta de marbre avec quiconque ne faisait pas partie de la bande de copines de sa fille. J'étais écœurée du système. En plus, il présentait une autre anomalie. Le CP avait servi à apprendre à lire, à écrire et à compter et le CE1 servait à apprendre à lire, à écrire et à compter. Il y avait bien là la preuve d'une faille.

Si j'avais le malheur d'avancer plus vite grâce à l'observation de mes aînés à la maison, je me heurtais à des remontrances. Je vis mes devoirs barrés de rouge avec la mention FAUX pour avoir utilisé la majuscule ou bien la multiplication pour la simple raison que nous ne les avions pas encore abordées en classe. Pas de doute, c'était bien la guerre.

À la maison, je subissais des injustices supplémentaires. On interrogeait devant moi ma sœur qui devait réciter ses tables de multiplication. Enthousiasmée, je me joignais au quiz. Si j'avais le malheur de répondre plus vite qu'elle, on m'enfermait dans ma chambre. J'enrageais.

La maîtresse insensible hanta grand nombre de mes nuits pendant plusieurs mois. Je me vis même à plusieurs reprises perdre à nouveau le contrôle de ma vessie lors de ces intenses cauchemars, au plus grand désespoir de ma génitrice, chargée du légendaire remplacement des draps de 3 heures du matin.

Je n'eus donc pas d'autre choix que de redoubler d'intensité en cour de récréation pour garder la vie écolière aussi intéressante que possible. Chaque cloche retentissant me vit me ruer dehors tel un ouragan, entraînant par la main ma Choisie, pour épuiser chaque seconde de cette liberté à sauter à l'élastique, toujours plus haut, toujours plus emmêlé, à fabriquer de la crème de marrons (en frottant des marrons sur un muret) et autres fabuleuses créations.

Un jour de printemps, le pire qui puisse arriver à un enfant m'arriva. Pour une raison que je n'ai pas retenue, chacune de mes copines était absente ce jour-là, me laissant seule au dépourvu. Je pris le temps d'observer autour de moi les ressources qui s'offraient à moi. Un groupe de garçons s'activait sans relâche à un jeu de ballon, courant farouchement dans toutes les directions. Cette option me plaisait bien, mais il me parut compliqué de demander à rejoindre une des équipes déjà établies à ce stade-là du jeu. On connaît de plus la faculté qu'ont les garçons de sept ans à envoyer les filles se faire voir ailleurs. Un peu plus loin sur la droite, j'aperçus trois fillettes blondes, dont la fille de la maîtresse, en train de discuter. (Pour une raison que j'ignore, chaque fille dont je me sentais particulièrement différente est imprimée avec deux couettes blondes dans ma mémoire.) Piquée par la curiosité, je décidai d'explorer ce terrain inconnu. Je m'approchai d'elles et m'enquis :

— Vous faites quoi ?

— On va jouer à princesse Starla, tu connais ?

— Non.

— Mais si, princesse Starla et les joyaux magiques.

— Je ne connais pas mais je veux bien essayer.

— D'accord, alors tiens, prends ce joyau et tu peux aller t'asseoir sur le muret là-bas avec Charlotte. Vous gardez chacune un joyau et ensuite moi j'arrive et je vous lance un sort pour les récupérer. Et vous êtes ensorcelées.

J'acquiesçai, prétendant comprendre et tentant de masquer ma dubitation du mieux possible. C'était tout ? Et que devrais-je faire ensuite, donner le petit caillou ? Ça durerait deux secondes, et après ? Je trouvais le jeu pour le moins étonnant, mais m'abstins de tout commentaire, curieuse de prendre part à cette expérience sociale nouvelle.

Le manège se déroula de façon aussi saugrenue qu'il m'avait été conté, mais alors que j'imitais docilement mes camarades sans en comprendre véritablement l'objet d'intérêt, je remarquai une chose autrement plus importante, et qui m'émerveilla : elles adoraient ! Elles trouvaient ça génial ! Elles devaient faire ça à chaque récréation ! C'était fascinant.

Je repartis finalement enchantée d'avoir pu vivre en immersion le temps d'une récréation, au moins une fois dans ma vie, le jeu d'une princesse veillant sur ses pierres précieuses, en compagnie de trois jolies fillettes blondes. J'emportai discrètement avec moi le petit caillou de plastique violet en souvenir de cet évènement mémorable, mais décrétai qu'une année avec une maîtresse qui me privait d'amour passerait plus vite qu'une année à jouer aux princesses.

Une liberté infinie

L'avantage d'avoir des aînés qui fréquentent la même école est de disposer d'eux comme cobayes pour les maîtres et maîtresses des classes supérieures. Ma mère, qui n'avait pas échappé à de nombreuses convocations lors de mes deux premières années dans l'établissement, décida de préparer le terrain en amont pour mon année de CE2. On voulut à tout prix éviter de nouvelles catastrophes. La tactique fonctionna à merveille et je fus apprivoisée telle une de ces orques dans les parcs aquatiques qui répondent d'une docilité exemplaire à chaque geste de leur dresseur en vue d'être récompensées d'un poisson. Sauf que notre chose promise à nous n'était pas d'ordre comestible, bien que je ne doute pas que cela eût pu fonctionner avec moi. Il s'agissait tout simplement d'une nouvelle règle qui me convenait à merveille : chaque élève avait le loisir de quitter son pupitre pour aller lire un livre au fond de la classe une fois un exercice ou un devoir fini. Bref, Madame Binot était précurseur de ces entreprises modernes comme Facebook ou Google où il fait bon travailler. Peut-être a-t-elle fait installer une piscine à boules depuis ?

Pour achever de me plaire, elle entreprit de nous apprendre l'anglais. Je découvrais de nouvelles chansons, au plus grand désespoir de ma famille. Chaque soir au dîner, mon émerveillement allait de pair avec une avalanche de récitations peu harmonieuses de mes nouveaux textes appris dans la langue étrangère.

Cet hiver-là, nous nous préparâmes pour les vacances au ski. Ce voyage familial à la montagne avait lieu chaque année. Chaque matin, nos parents et leur couple d'amis avaient pour habitude de nous déposer à l'école de ski, avec les dernières recommandations : « Vous vous rappelez bien le numéro de papa… 06… 07… »

Les six petits eurasiens répétaient alors les numéros, dociles mais prêts à s'esclaffer à chaque instant, tant l'exercice était pris pour un jeu.

« Et n'oubliez pas, si vous êtes perdus, vous demandez à aller au rond pain d'épice », ajoutait souvent ma mère.

J'étais la plus jeune d'entre tous et ce statut me plaisait car il me garantissait la possibilité d'un traitement de faveur en cas de nécessité urgente, comme la demande d'armistice lors d'une bataille de boules de neige, ou bien la contraction soudaine d'une fatigue trop importante pour tirer ma luge dans une montée ardue.

Mais cette année-là, tout était différent. Nous prîmes la route pour l'Autriche. J'avais déjà été dans un pays étranger, mais cette fois, tout le monde parlait une langue différente de la mienne, partout autour de moi. Mes oreilles découvraient une deuxième langue étrangère : l'allemand. J'étais fascinée et transcendée. La vie n'avait jamais été aussi intéressante. Chaque personne qui m'entourait représentait un défi puisqu'elle ne comprenait pas mes paroles. Quel jeu plus excitant que d'essayer de communiquer avec des étrangers, qui de surcroît ne disposent d'aucun vocabulaire commun, lorsqu'on a six ans ?

Je saisissais chaque opportunité de me tester à cette nouvelle activité. À table, un adulte manquait de moutarde ? Je demandais à écouter la traduction du mot en allemand et me précipitais en cuisine le répéter au serveur. Je rapportais ensuite à la table l'élément ou l'aliment manquant, gonflée d'orgueil et de fierté.

J'avais également appris à compter jusqu'à dix et ne me lassais pas de commander le nombre de verres d'eau nécessaires, lorsque notre bande d'enfants s'asseyait au bar chaque soir après dîner, profitant d'une autorité parentale ramollie par l'esprit des vacances.

Un soir, je compris en écoutant parler les adultes que la cousine de nos amies âgée de seize ans, qui s'était exceptionnellement jointe au voyage, allait partir de l'hôtel pour retrouver un homme qui devait sûrement être un amant récemment rencontré. Inutile d'essayer de me rappeler de quoi il s'agissait, ce qui me paraissait être un évènement allait bien au-delà de ma compréhension enfantine. La seule chose que mon esprit avait enregistrée était qu'un élément de la troupe allait quitter l'hôtel. Et j'y voyais là une occasion en or. Moi aussi je rêvais d'aller explorer les rues de cette nouvelle ville, qui était plutôt à mes yeux un nouveau monde.

Je décidai donc de suivre discrètement l'intéressée, en y voyant là l'opportunité parfaite pour feindre l'ignorance et la naïveté enfantines dans le cas où les adultes désapprouveraient mon départ *a posteriori*. J'aurais simplement à dire que je voulais l'accompagner et l'aurais malencontreusement perdue en route.

Je partis donc à l'inconnu, me sentant aspirée par une immensité et remplie d'une liberté infinie qui me donnait le sourire jusqu'aux oreilles. Il me semblait que le fait de m'être échappée seule, du haut de mes sept ans, telle un électron libre dans la nature, rendait tout ce qui m'entourait immensément imposant. J'étais aveuglée par les lumières et moi qui habitais Paris, avais l'impression d'une population incommensurable grouillant autour de moi. Plus j'avançais et plus je sentais l'excitation grandir en moi. Je me laissai étourdir par le contenu de chaque vitrine illuminée qui bordait la rue piétonne puis, arrivée au bout de celle-ci, m'installai sur un petit muret pour avoir tout le loisir de contempler ce flot humain en mouvement perpétuel.

J'aurais aimé continuer à explorer les autres artères de la ville, mais à mon euphorie commença à se mêler la culpabilité d'inquiéter ma famille. Je n'avais aucune notion du temps mais sus qu'il fallait passer à la deuxième partie sécrétrice d'adrénaline de mon plan d'action : entrer dans un magasin et parvenir à m'exprimer afin qu'on contacte l'hôtel où se trouvaient mes parents et qu'ils viennent me chercher. Mes quatre mots appris me permirent d'y arriver beaucoup trop rapidement à mon goût. La vendeuse leur téléphona. Mes parents, furieux et inquiets à la fois, ne tardèrent pas à arriver. Je cachai mon sourire du mieux que je pus. Je n'allai pas jusqu'à feindre la panique car je savais au fond de moi que ma mère ne serait pas dupe pour un sou. On m'avisa de ne plus recommencer. Je tâchai tant bien que mal de ne pas céder à de nouvelles tentations d'évasion durant la suite du séjour. D'ici quelques années, ce pouvoir m'appartiendrait.

En Autriche, pour le dernier jour de l'école de ski, on ne passait pas une étoile ou un chamois. Une véritable compétition entre tous les enfants du groupe était organisée : un slalom, trois médailles, un podium.

En haut de la piste, le moniteur qui avait vaillamment survécu à nos pitreries toute la semaine nous expliqua les règles du jeu. Marco, avec son accent italien très prononcé, énonça : « Vous descendrrrez les porrtes bleues et puis les portes rrouges. »

Trois enfants dévalèrent la descente pendant que je rêvassais à contempler le défilé de télésièges suspendus au-dessus de nos têtes. On appela mon nom : c'était mon tour. Je m'élançai à toute vitesse vers la première porte bleue. Je traversai les trois premières portes bleues tout schuss en me faufilant entre les deux bâtons, comme l'image d'une véritable porte l'indiquait dans mon esprit. Je trouvais tout de même ce passage plutôt étriqué. J'étais la plus petite du groupe et j'avais dû me recroqueviller afin de ne pas être frappée de plein fouet par l'un de ses piquets. En approchant la porte suivante, j'observai les traces de ski. Elles se dessinaient à l'extérieur des piquets, juste à côté : il s'agissait probablement de passer par là. Je changeai ma technique de descente, et contournai les portes restantes. Une fois arrivée en bas, alors que je m'apprêtais à remonter, mes parents m'interpellèrent.

— Que fais-tu Alizé ?

— Je remonte là-haut.

— Non, tu as fini. Viens attendre les autres ici avec nous.

— Mais je dois remonter pour faire les portes rouges maintenant !

— Comment ça les portes rouges ?

— Oui j'ai descendu les portes bleues, maintenant je dois passer les portes rouges. C'est Marco qui l'a dit.

Mes parents étouffèrent un rire et m'expliquèrent mon erreur de compréhension. Dix minutes plus tard, on annonça le vainqueur de la médaille d'or pour le meilleur temps effectué : on appela mon nom. Je montai sur le podium, troublée et confuse. Mes parents, amusés, me firent signe de sourire pour la photo. Je m'exécutai, emplie d'un immense embarras. La mère du garçon qui avait obtenu la médaille de bronze eut vent de l'histoire. Elle devina ma torture interne et me suggéra d'offrir ma médaille à son fils. Mes parents s'y opposèrent. Je redoublais de confusion. Si je trouvais l'acte d'imposture lors des ateliers déguisement de ma sœur plutôt rigolos, je goûtais là à une version beaucoup plus déconcertante. Avais-je été malgré moi à l'origine d'une injustice ?

Hors du temps

Au mois de mai, mes parents nous emmenèrent à Roland-Garros. J'assistai pour la première fois à des matchs de tennis et à une dimension de ce sport qui m'était jusqu'alors inconnue : le combat, la hargne. Le lendemain, sur les courts de la Cité Universitaire de Paris, je voulus m'essayer à reproduire ce que j'avais pu observer chez ces joueurs professionnels. Je décrétai que mon frère serait le parfait candidat. Je demandai à compter les points.

Je sentis progressivement mon sang se figer et mon esprit se centrer en une concentration extrême qui coupe de tout élément extérieur. Moi qui étais toujours en état d'absorption avec l'environnement, je goûtai à ce sentiment inverse : ma vision se resserra, les trous de la passoire qui englobait mon cerveau se comblèrent. Je fus comme emportée dans une autre dimension, hors de toute réalité. Mes pensées cessèrent de vagabonder et je me sentis planer, hors du temps.

Je quittai pour la première fois au tennis le sentiment d'enthousiasme simple et dénué de compétition. Je ressentis alors l'adrénaline de batailler contre quelqu'un sur un court de tennis.

Un regard suffit

Ma directrice d'école était devenue mon alliée. Elle avait tant apprécié la fluidité avec laquelle s'était déroulée mon année de CE2 qu'elle m'offrit le choix de mon instituteur pour ma rentrée au CM1. On me fit l'éloge du maître qu'avait eu mon frère l'année précédente. Je tentai le coup.

Lors de la première semaine, j'inspectai ce nouvel environnement. Je me sentis victime d'une arnaque nouvelle. L'ennui meurtrier s'empara de moi dès la deuxième semaine. Il me semblait que ma tête ne tarderait pas à exploser en mille morceaux. Maintenant que j'avais connu le bonheur, plus question de gâcher une année. Je ne me laissai pas abattre et demandai à rejoindre mon frère en CM2. J'aimais beaucoup sa maîtresse, laquelle organisait une classe de nature chaque année. J'avais eu vent de ce projet qui suscitait toute mon attention. Trois matinées de crises de larmes et de colère plus tard, ma mère capitula.

— La directrice est d'accord pour que tu ailles en CM2, mais tu dois attendre un peu, m'expliqua-t-elle.

— Pourquoi ?

— Elle dit que tu dois aller voir la psychologue d'abord. Elle s'appelle Monique de Kermadec. J'ai pris rendez-vous pour toi jeudi prochain.

La salle d'attente regorgeait de trésors, qui me mirent en joie. Alors que je me lançais dans une intense plaidoirie visant à convaincre ma génitrice de l'importance absolue de m'abonner à ce magazine d'art pour enfants trouvé sur la table basse, on m'appela. Les présentations adultes établies, je demeurai seule avec la psychologue dans le cabinet. Elle me fit jouer avec des cubes et des cylindres. Elle ne cessa d'attiser mon attention, me posant diverses colles de tout ordre.

— J'ai quinze crayons de couleur dans mon tiroir, dont trois bleus, deux jaunes, cinq rouges, quatre verts et un violet. J'ai une chance sur combien de tirer un crayon rouge ?

— Une chance sur trois.

Elle appela ma mère.

— Je vous confirme que votre fille peut aller en CM2. Et même en 6e ou 5e si vous voulez.

— En CM2 ça suffira, merci.

J'eus droit à un cadeau bonus. Alors que je m'apprêtai à franchir la porte de ma nouvelle salle de classe, on m'interpella :

— Attends, cette élève va venir avec toi.

Je me tournai vers l'intéressée, qui emboîtait le pas de mon interlocuteur :

— Toi aussi, tu es partie du CM1 ?

— Oui.

— Tu t'appelles comment ?

— Hélène.

Un regard suffit. Jamais n'a-t-on inventé plus belle façon de sauter l'étape fatidique du « Tu veux être ma copine ? »

Une année glorieuse débuta. On n'abordait certes toujours pas en classe les sujets qui me paraissaient les plus intéressants, tels que « Comment relever le défi d'expliquer les couleurs à une personne aveugle de naissance ? ». Mais peu m'importait, j'avais trouvé l'âme sœur. Nous eussions été cataloguées d'intellos ou bien détestées s'il n'en avait été de notre éternelle défiance de l'autorité. En classe, nos bavardages incessants ne pouvaient être interrompus que par une maîtresse excédée qui nous séparait de force. Nous nous appliquions alors à d'intenses débats épistolaires.

En récréation, nous comprîmes que les jeux les plus intéressants étaient finalement les plus dangereux et donc interdits. Nous avions repéré dans un coin de la cour une barrière dont la grille avait été arrachée, laissant une simple barre de fer suspendue à un mètre du sol, prête à l'emploi. Nous grimpions dessus pour nous y asseoir, mains s'agrippant de part et d'autre de nos chétifs bassins, et interminablement, effectuions de fulgurantes roulades à 360 degrés. En avant, en arrière, encore en avant, nous ne nous lassions jamais de ressentir cette ivresse, nos têtes frôlant le sol de quelques centimètres à peine, nos cheveux lâchés balayant même le sol, un sifflement d'air dans les oreilles qui nous donnait presque l'impression de voler.

Un adulte finit par nous voir et nous faire punir. Nous eûmes cinquante lignes à copier pour compenser notre péché. *Je ne dois pas faire de roulades dans la cour de récréation.*

La sentence me ravit, elle me permettrait de travailler l'arrondi de mes lettres et de nourrir l'un de mes plus nobles desseins : avoir la plus belle écriture au monde. Je m'amusai à prolonger mon insolence : j'ajoutai « *sur les barres* » au milieu de la phrase et en tendis cent vingt à la maîtresse le lendemain. La stupéfaction que je pus lire sur son visage me satisfit. Après tout, à quoi cela servait-il d'avoir des bonnes notes si ce n'était pour en tirer une certaine immunité pour les expérimentations extrascolaires ?

Ma belle Hélène s'avérait donc parfaite. Elle était même dotée d'une magnifique écriture ronde, qualité qui dans mes codes, propulsait au rang divin. Un seul détail lui fit défaut :

elle m'évoqua l'existence d'un amoureux qu'elle fréquentait lors de ses week-ends à la campagne. Je fronçai les sourcils mais me résolus à fermer les yeux sur cette affaire. Un humain de la gent masculine n'allait tout de même pas entacher mon idylle.

Le gris entre le blanc et le noir

On emmena mon frère faire les mêmes jeux que moi dans le cabinet de Monique de Kermadec. Il battit mon score. Furieuse, je demandai à y retourner afin de m'améliorer et le battre à mon tour. On refusa. Quel dommage ! Si j'avais su que je n'aurais droit qu'à un seul passage, je me serais plus appliquée !

La fin de l'école primaire s'annonça. La directrice de l'école et la psychologue suggérèrent à mes parents de me faire rejoindre un établissement spécialisé pour les enfants qui s'ennuyaient en classe. Je rejetai vivement l'idée. Une classe de petits génies qui me harcèleraient de discussions mathématiques pendant les récréations, non merci. Je n'étais pas comme eux, ils se trompaient sans aucun doute sur mon sort. Ce que je voulais moi, c'était fouler les traces de ma grande sœur ! Elle fréquentait un collège proche de la maison dont je m'étais mentalement dessiné le décor et le fonctionnement depuis deux années, et que je me languissais de découvrir. Et puis, mon frère irait là-bas aussi. Grâce à l'idée de leur présence, je m'y sentirais en sécurité.

La nouveauté principale qui suscitait ma curiosité était l'affaire des conseils de classe. Ma mère étant déléguée de parents dans la classe de ma sœur, j'avais eu vent du déroulement de ces réunions. La veille de la rentrée, lors du dîner, la discussion traita de ce sujet. Il existait aussi des délégués élèves, racontait-on. Ma sœur évoquait les responsabilités exercées par ces derniers. Mon frère et moi nous accordâmes à dire qu'il valait mieux ne pas s'embarrasser de ce genre de fonctions lorsqu'on avait un programme d'activités extrascolaires aussi fourni que le nôtre.

Le lendemain soir au retour de l'école, mon frère parla le premier :

— Je suis délégué de classe.

— Moi aussi, renchéris-je.

Le plus grand changement pour tout enfant qui entre au collège est celui d'avoir plusieurs professeurs. Ce système m'apprit à survivre dans le gris entre le blanc et le noir qui avaient conditionné ma vie en école primaire. Sur dix professeurs, impossible de les aimer tous. Et à la fois, on trouvera bien son bonheur avec au moins l'un d'entre eux.

Du haut de mes neuf ans, j'avais donc gagné le privilège d'assister et participer à ces fameux conseils de classe, telle une petite souris dans un tribunal d'instance. Je pouvais découvrir et analyser ces professeurs sous un jour nouveau, les voir interagir entre adultes et prenais mon rôle de justicière très au sérieux. Si bien qu'un jour, une fille de ma classe vint faire appel à moi afin qu'une autre élève lui paye ses dettes. J'intervins, l'air grave.

— Tu dois douze francs à Anna, elle te les a prêtés pour que tu achètes tes bonbons au distributeur.

— De quoi tu te mêles ? me rétorqua la coupable. Je les lui rendrai si j'en ai envie.

— Tu lui as emprunté des sous, tu dois les lui rendre.

Celle de trois ans mon aînée et qui se dressait trente centimètres au-dessus de moi n'apprécia visiblement pas mes paroles et jugea bon de raconter à son père qu'elle avait été victime d'agression dans la cour d'école ce jour-là. Ce dernier jugea bon à son tour de déposer une plainte à la police, et ainsi me retrouvai-je au commissariat quelques jours plus tard, pour partager mon témoignage sur cette affaire.

Je m'enchantai de cette nouvelle découverte que la vie m'offrait. Dans la salle d'attente, je fus parcourue de frissons en voyant le mur orné de photos de jeunes filles de mon âge signalées disparues. J'imaginais les scénarios qui avaient pu causer leur sort et ressentais en mon ventre le drame que leurs parents devaient traverser en ce moment même… J'en eus le sang glacé. Je ne sais quel lien j'y trouvai mais je pensai soudain à cette phrase que les parents se plaisent si souvent à répéter : « Tu ne te rends pas compte, tu as de la chance ». Je me blottis contre ma mère.

On m'appela. Le policier qui devait m'interroger était prêt à me recevoir dans son bureau. Je m'installai face à lui. Je me lançai dans un récit torride sur les bonbons Fraisoo et les M&M's du distributeur du collège. Il s'appliqua à taper chacun de mes propos sur le clavier de son ordinateur. Je lui aperçus un léger sourire au coin des lèvres. J'en profitai pour l'interroger à son tour.

— Qu'allez-vous faire de ce que je dis ?

— Je le rentre dans le dossier de l'enquête qui a été ouverte.

— Et qui va le lire ?

— Probablement mon supérieur.

— Vous menez d'autres enquêtes que la mienne en ce moment ?

— Trois autres.

— Vous avez combien d'armes ?

Je fus visiblement jugée inoffensive, car on avisa mon accusatrice de retirer sa plainte dès le lendemain. Le policier m'assura que mon casier judiciaire resterait existant à vie. J'avais au moins gagné quelque chose.

Une ferveur sans limite

Hélène et moi avions été séparées pour cette rentrée au collège car nous avions choisi des langues vivantes différentes. Ou plutôt nos parents nous avaient fait choisir des langues vivantes différentes. Notre relation épistolaire n'en était que plus intense. Nous échangions dans la cour au moins une missive par jour à lire en l'absence de l'autre, commençant le plus souvent par de lyriques déclarations telles que « Je m'ennuie en cours de français alors je t'écris… » et se terminant neuf fois sur dix par « La prof n'arrête pas de me regarder alors je te laisse… ». Les romantiques du XIXe siècle n'avaient qu'à bien se tenir.

Nous saisissions chaque pause que nous offrait notre emploi du temps scolaire pour perpétuer nos expérimentations. Mon corps avait commencé à me jouer des mauvais tours. J'observais une pilosité naissante sur mes jambes. Je la pris en horreur. J'en informai immédiatement Hélène, qui se chargea de s'enquérir sur les dispositions à prendre auprès de sa mère. Elle m'avisa de l'existence d'une crème miraculeuse à appliquer sur la peau, qu'on retirait ensuite à l'aide d'une spatule, et hop le tour était joué. Elle s'empara du trésor et nous profitâmes d'un jour où mes deux parents étaient absents pour courir chez moi l'essayer entre deux cours. Nous jubilions tant de l'idée de transgresser les règles que de l'acte lui-même. L'astuce fonctionna à la perfection : je retrouvai mon corps enfantin, l'ordre était rétabli. Je fus soulagée.

J'entendis parler cette année-là d'un autre fléau lié à la vieillesse, et qui visiblement me donnerait plus de fil à retordre : ainsi le mot « règle » ne désignait pas seulement le double décimètre que je conservais dans ma trousse d'école. On me narra une histoire de sang soudainement déclenché, marquant la transformation d'enfant en femme. Autant dire la fin du monde, juste comme ça ! Je me jurai solennellement de ne jamais laisser mon corps être souillé de la sorte. Si j'y mettais toute ma force d'esprit, j'arriverais bien à conjurer l'arrivée de cette calamité. Après tout, il devait bien y avoir des penseurs ou philosophes ayant affirmé des vérités indéniables telles que « rien n'est impossible si l'on veut vraiment » ou bien « les limites ne sont qu'à ceux qui les laissent exister ».

Ma tête commença à diverger à son tour. Je me pris de passion pour Arthur Rimbaud après avoir lu un livre biographique sur son enfance. Envoûtée par le destin du poète et l'oiseau de feu, il fallut s'en enivrer outre mesure. Dès la dernière page tournée, je revenais à la première. Ma mère débarquait dans ma chambre, furieuse :

— Ça fait cinquante fois que tu lis ce livre, et tu n'as même pas ouvert ceux que tu dois étudier pour le collège !

— On est fidèle ou on ne l'est pas, rétorquais-je, impassible.

Qu'était-ce qu'un contrôle de lecture bricolé à l'aide d'un résumé face à une ferveur sans limite pour un poète rebelle ?

Je m'inscrivis à la bibliothèque municipale afin d'éplucher tous les autres livres que je pus y trouver le concernant. Le seul autre auteur que je m'autorisai à découvrir cette année-là fut

Paul Verlaine : tant qu'on restait dans son cercle amoureux, c'était acceptable.

Je poussai mon admiration jusqu'à élire un garçon de ma classe que je me convainquis d'aimer, afin d'en disposer comme source d'inspiration pour m'essayer à la poésie passionnelle à mon tour. Un soir, alors que tout le monde dormait, je m'installai avec pour seule source de lumière ma petite lampe de bureau, et tentai d'écrire des semblants de poèmes d'amour pour le bien-aimé dénommé Quentin. Je me sentis m'élever : j'étais enfin aussi cool qu'Arthur Rimbaud.

Le lendemain en cours de mathématiques, je recopiai mes rimes sur un papier que je repliai soigneusement et fis passer à l'intéressé. Curieusement, ma prose ne le fit pas tomber amoureux de moi. Je n'eus droit à aucun poème d'amour en retour. Je blâme encore aujourd'hui l'allégorie de la dernière strophe.

Un monde nouveau

L'été arriva. On m'inscrivit par curiosité à un tournoi de tennis, peu avant mes dix ans. Je compris rapidement que toutes les filles qui y participaient se connaissaient entre elles et avaient l'habitude de côtoyer ce type de compétitions. Je n'avais jusqu'alors jamais joué au tennis autrement qu'en famille, le week-end ou en vacances.

Dans ce club, il y avait des matchs d'enfants sur chacun des courts. Les filles contre les filles, les garçons contre les garçons. On m'envoya sur l'un d'eux, avec une autre fille de mon âge. Assises sur nos bancs respectifs, je tentai de lui parler : elle m'ignora. J'en conclus qu'il n'était pas coutume de communiquer pendant un match. Entre les points, le ramassage des balles me sembla d'une longueur très prononcée, voire difficilement supportable. Je prenais alors connaissance de tout ce qu'il se tramait sur chacun des courts voisins. Mes parents me signifièrent par des gestes derrière le grillage de rester concentrée sur mon terrain à moi. Je jouais mon match, mais j'en suivais trois autres en même temps. J'en sortis connaissant mieux les scores et scénarios des autres courts que du mien.

Je remportai la partie sur un score sévère. Je vis mon adversaire rejoindre ses parents les épaules basses. Je ressentis sa tristesse et sa déception me poignant au ventre. Le lendemain, je dus affronter une autre petite fille. Celle-ci se mit carrément à pleurer sur son banc alors que je menais 6/1 3/0. Déstabilisée, j'allai m'asseoir à côté d'elle pour tenter de la consoler. Enfin, ce n'était pas si grave, ce n'était qu'un match de tennis, elle jouait tout de même bien, il ne fallait pas se mettre dans un état pareil. La partie reprit. Dix minutes plus tard, le score s'était inversé de 4/3 en sa faveur. Quelle était donc cette embûche qui m'avait été tendue ? Mon instinct m'ordonna de cesser de porter mon attention sur elle et je parvins à remporter le match. Puis le tournoi quelques jours plus tard.

Comment ne pas se laisser piéger par son empathie ? N'y avait-il pas un moyen de déguiser toutes ces jolies petites filles en un frère aîné ?

Je repartis avec la coupe, heureuse. Mais étais-je excitée par la découverte d'un monde nouveau ou par la compétition elle-même ?

Caméléon

Dix ans, passage en cinquième, deuxième langue vivante, option latin, cela avait un prix. Ce prix était de laisser un premier bout d'enfance. On m'annonça l'atroce nouvelle : « Tu vas avoir beaucoup de travail et finir l'école plus tard désormais. Tu n'auras plus le temps pour toutes tes activités, tu ne dois en garder qu'une. »

Je décidai de choisir le tennis. Pourquoi ? Je n'en sais rien. Ça me plaisait certes, mais pas spécialement plus que tout le reste. Peut-être était-ce mon seul truc à moi, ni emprunté à ma sœur, ni à mon frère ? Ou bien était-ce l'activité dans laquelle je brillais le plus ?

Les quelques tournois que j'avais remportés durant l'été m'avaient valu l'attention de la ligue de tennis des Hauts-de-Seine, c'est-à-dire l'organisation qui sélectionne et entraîne les meilleures du département. J'avais même eu droit à un premier classement : 30/2 !

À la rentrée, on informa mes parents que j'avais été sélectionnée pour rejoindre le groupe d'entraînement des meilleures joueuses de mon âge.

Un mercredi après-midi, ma mère m'accompagna dans ce nouveau club de tennis : la « Ligue ». Les regards se tournèrent en notre direction dès lors que nous franchîmes les portes battantes. Tandems de mères et filles semblaient se connaître depuis des années. Elles nous dévisagèrent, laissant ouvertement transparaître leur fierté d'occuper cet espace, qu'elles semblaient considérer comme un foyer d'élite, et qui était devenu le leur. La ligue ne s'appelait donc pas la ligue par hasard.

Une hiérarchie était visiblement en place. On verrait d'un mauvais œil une potentielle menace de la troubler. Devait-on se méfier de moi ? L'entraîneur nous indiqua la direction pour rejoindre le court.

Celle qui paraissait être la star du groupe s'avança vers moi, coiffée de deux couettes blondes, la démarche tonique et les mollets saillants. Son sourire dévoilait deux petites dents du bonheur.

— Moi c'est Caroline. Je suis la première de la ligue. Tu viens d'où ?

— De nulle part. J'ai gagné trois tournois, alors on m'a invitée ici.

— Ici, tout le monde dit que je vais être numéro 1 mondiale, me lança-t-elle avec fierté.

Une autre fille lui avait emboîté le pas. Coiffée de façon identique, on sentait son admiration pour celle qui la précédait.

— Moi aussi je pourrais être numéro 1 mondiale, renchérit-elle. Et même peut-être gagner Roland-Garros !

— Et toi ?

— Euh… je ne sais pas.

— Pourquoi tu n'étais pas là tous les autres jours ? Tu fais le CNED toi ?

— Le quoi ?

— Le CNED. Ce sont les cours par correspondance.

— Non moi je suis dans un collège normal. Je ne viendrai ici avec vous que le mercredi après-midi.

Soulagement immédiat. Mais les tensions à ce propos s'installaient à la moindre occasion. Entre elles, entre leurs parents. Comme leurs affaires avaient l'air compliquées ! Je préférais ne pas m'embarrasser de ce genre de projets et simplement rester fidèle à celui qui m'était propre : vivre.

On me fit inscrire dans un club qui proposait un programme d'entraînement à la compétition afin de compléter mes heures de tennis à la ligue. Je partis également pour la première fois en déplacements avec eux pour des tournois nationaux.

Si je menais une vie facile au collège, légère et insouciante, j'étais davantage mise à l'épreuve pour m'intégrer dans ce monde-là, où la compétition était reine. Je me trouvais en adaptation permanente pour être en harmonie avec ces personnes que je ressentais si différentes de moi.

On voulait se faire femme avant l'heure alors que je me débattais à contre-courant. On portait des soutiens-gorge sur des poitrines inexistantes et jugeait étrange que je n'en fasse pas autant. On se coiffait des mêmes petites tresses afin de former un clan, alors que j'avais toujours eu en horreur les modes de groupe. On parlait aux garçons, on avait un portable pour leur écrire. Désintéressée de ces sujets au plus haut point, je dus puiser en moi pour comprendre leurs mécanismes et me faire caméléon.

Je ressentais aussi déjà cette complexité dans la relation, liée à la concurrence. Nous vivions nos premiers voyages en groupe, partagions chambres d'hôtel et secrets enfantins, nous goûtions ensemble à ces premiers instants de liberté et de découverte loin de nos foyers et nos parents. Échapper à la surveillance des entraîneurs, organiser des escapades nocturnes au MacDo, partager des fous rires sans fin sous la couette après le couvre-feu. Et pourtant, je sentais bien au fond de moi que quelque chose clochait. Quelque chose de si peu palpable et si présent à la fois. Ce sentiment que malgré tout ça, malgré toutes ces aventures et ces moments de partage, si le lendemain je me cassais une jambe, ou bien perdais tous mes matchs, on s'en réjouirait. Consciemment ou inconsciemment. Ouvertement ou intérieurement.

Car voyager ensemble n'excluait pas la confrontation en match officiel. Et au fond, ce qui se passait sur le court devait rester la raison principale de notre présence à ces tournois.

Au mois de février, nous prîmes la direction des Yvelines pour disputer un tournoi national. Ce qui devait arriver arriva. Je dus affronter Caroline. Caroline, princesse indétrônable, qui était donc également devenue ma copine. Et par je ne sais quel miracle me semblait-il, je sortis vainqueur. Et j'osai perturber l'ordre établi.

À la fin du match, elle partit s'enfermer dans les toilettes, bouleversée. Je la suivis, chamboulée d'un tel drame. Je toquai timidement à la porte.

— Caroline… ça va ?

Pas de réponse.

— Dis-moi juste si ça va ? relançai-je, plus craintive encore.

— Laisse-moi tranquille !

— Tu m'en veux ? Tu ne voudras plus me parler ?

Silence à nouveau.

— En tout cas, sache que je suis désolée…

J'entendis un sanglot pour seule réponse. Je m'empressai d'ajouter :

— Et puis tu sais, tu es sûrement plus forte que moi quand même. C'est vrai, j'ai vraiment eu beaucoup de chance aujourd'hui. Les autres fois, c'est toi qui me bats toujours.

Je me sauvai pour ne pas l'importuner davantage. Je m'en allai fouler la pelouse qui longeait le bâtiment arrière du club.

Un tourbillon d'émotions m'envahissait, mélange de satisfaction d'avoir gagné et de culpabilité d'être responsable de son chagrin.

Il me sembla ressentir que les entraîneurs étaient dérangés par cet événement : pourquoi avais-je l'impression d'avoir causé un tremblement de terre ?

Les jours suivants, je me fis le plus petit possible. Je veillai à ce que des excuses transparaissent dans chacun de mes actes. Tout ceci devait bien sûr être un accident. Je l'ignorais alors, mais ce fut le premier épisode où je m'empêchais d'être moi-même afin de ne pas déranger autour de moi.

Quelques mois plus tard lors de mes premiers Championnats de France, on me reprocha un comportement qui ne correspondait visiblement pas aux règles de la bienséance d'un tournoi de cette catégorie : j'étais trop heureuse à toute épreuve. Je dus feindre une tristesse plus prononcée après un match perdu afin de plaire aux entraîneurs.

Je commençais à agir pour donner à mon entourage ce qu'il attendait de moi : j'avais perdu une partie de mon enfance.

Double vie

Onze ans, entrée en quatrième. Le collège suivait tranquillement son cours, mon bien-être ne dépendant définitivement plus de mon degré d'affection avec les instituteurs. J'aimais toujours certains avec la mesure éthiquement souhaitable, et m'accommodais des autres. Pour la vie au collège, j'avais dû réévaluer les priorités : avoir des copines, trouver le bon *ratio* investissement/travail et bonnes notes.

À l'adolescence, les premiers de la classe agacent clairement. Les cancres n'attirent personne non plus. Le secret réside en l'obtention de bonnes notes pour se faire aimer des professeurs, mais dans une certaine mesure afin d'avoir une chance d'intégration sociale. L'atout ultime pour décrocher le gros lot, c'est d'y ajouter un zeste de rébellion envers les professeurs. Par chance inouïe, cette faculté était innée chez moi.

Malgré un emploi du temps scolaire qui m'obligeait à être en cours toute la journée, je me familiarisais progressivement avec le système national tennistique, et parvenais à entretenir une progression suffisante pour garder ma place au sein de la ligue de mon département et donc dans les tournois nationaux.

J'étais bel et bien immergée : j'avais joué des tournois tout l'été, en catégorie adulte désormais, afin de pouvoir réaliser plus de « perfs » (jargon tennistique : victoires contre des joueuses mieux classées), je me faisais embarquer dans le diabolique calcul de ces perfs et des points pour le nouveau classement annuel, t'as *perfé* à combien, t'as fait combien de perfs, tu vas monter à combien, telles étaient les questions qui hantaient chacune des conversations entre les jeunes joueuses.

Nous commencions également à faire face aux attentes des adultes, les entraîneurs ou les parents. À onze ans à peine, nous étions confrontées à des absurdités telles que « Tu dois être 15/3 pour rester à la ligue. Si tu n'es que 15/4 (*id est*, peut-être simplement trois victoires significatives sur l'année en moins, ou bien un ou deux tournois joués en moins), on ne t'entraînera plus. » Ce qui à nos oreilles d'enfants revenait à entendre d'abandonner tout rêve de carrière professionnelle, voire même une simple idée de progression.

Je ne me sentais pas vraiment concernée car je n'avais aucun but précis comme les autres, mais affirmer que je n'étais pas animée d'une forte volonté de rester dans le wagon serait un mensonge.

Il est important de préciser que toutes celles qui étaient parmi les meilleures Françaises à cet âge-là arrêtèrent le tennis entre quatorze et dix-huit ans, à une seule exception près. Un nouveau noyau de *leaders* se forma plus tard dans chaque catégorie d'âge proche de la mienne et dont je pus suivre l'évolution de près.

Les dirigeants et entraîneurs de la ligue voyaient ce même phénomène se reproduire sans cesse depuis des dizaines d'années mais continuaient d'énoncer le même discours à leurs élèves de onze ans.

Au mois de janvier, je participai à mon premier tournoi international pour la simple raison qu'il avait lieu dans une ville voisine de notre centre de ligue. Je me liai d'amitié avec une joueuse ukrainienne de mon âge et entrepris une correspondance avec elle. Elle me racontait ses voyages dans ses lettres. Je découvris alors que des tournois comme celui-ci avaient lieu chaque semaine, partout en Europe.

Si nous, les Françaises, bénéficiions d'un système national de compétition très développé nous permettant de jouer régulièrement des tournois dans nos régions, cette jeune ukrainienne n'avait d'autre choix que de parcourir, à onze ans déjà, le circuit européen. Elle naviguait de ville en ville chaque semaine pour améliorer son classement européen dans la catégorie moins de quatorze ans. Lorsqu'elle rentrait chez elle entre les voyages, elle devait rattraper l'école comme elle le pouvait. Je lui racontais mes vacances à faire du ski ou jouer aux cartes au bord de la piscine avec mes copains, elle me confiait comment sa mère, qui était également sa coach, lui faisait faire de la gymnastique tous les matins pendant ses vacances à elle, afin de ne pas perdre le rythme.

J'étais malgré tout très heureuse de ce qui s'apparentait de plus en plus à une double vie et qui me nourrissait infailliblement. L'équilibre que j'y trouvais me permettait d'échapper à l'ennui auquel j'eûs probablement été confrontée sans cette vie tennistique parallèle.

Une autre lubie

À douze ans, alors que j'attaquais ma dernière année de collège, fièrement armée de mon nouveau et premier classement en seconde série, cet équilibre se vit menacé.

Je ressentis une douleur au genou droit qui s'installa de manière persistante. Handicapée lors de mes matchs, je m'en plaignis régulièrement. L'adrénaline exerçant son pouvoir sur la douleur, je parvenais parfois à remporter quelques victoires. On n'y crut donc pas et on m'accusa de feindre la douleur pour justifier mes matchs perdus.

Le médecin de la ligue m'envoya faire des radios et n'y trouva rien d'anormal. Je retournai donc en tournoi, malheureuse et commençant à douter de moi-même : mon cerveau avait-il véritablement créé cette douleur ? Pour quelle raison ? Était-ce bien ma souffrance physique qui entraînait ma souffrance morale ou bien l'inverse ? Je me torturais de débats intérieurs.

Comme je continuais de m'en plaindre, on finit par me conduire voir un autre médecin. Celui-ci me prescrivit mon premier examen d'IRM (d'une longue série dans ma vie !) et m'indiqua de revenir le voir avec les images.

Je me retrouvai à nouveau dans son cabinet une semaine plus tard. Enfoncé dans le fauteuil me faisant face de l'autre côté de son bureau, il saisit les grands rectangles imprimés. Il tendit le bras vers la lampe suspendue au très haut plafond haussmannien de son cabinet, afin de les rendre plus lisibles.

— Mmmm... moi je vois quelque chose... murmura-t-il, les yeux plissés.

Mon cœur s'emballa à tout rompre. Je réalisai alors que la bonne nouvelle que j'attendais était en fait une mauvaise nouvelle.

— Ah oui ? m'enquis-je, la voix aussi neutre que mon cœur n'était rempli d'espoir.

M'accuser à tort avait réveillé en moi toute ma capacité à me saboter afin d'assouvir mon désir de faire éclater la vérité. Quel que soit le prix de la sentence.

— C'est une ostéochondrite de la trochlée. Extrêmement rare à ton âge. Vraiment très étonnant.

Soulagement. Intense soulagement, jubilation intérieure. Je me retins de jeter un regard victorieux vers ma mère.

— Ça va prendre combien de temps ?

— Dans un premier temps, il faudra arrêter le sport pendant 6 à 8 mois. Ensuite, on verra.

Ascenseur émotionnel. Ma vie s'envolait. Je déglutis.

*

Il me fallut expérimenter la vie autrement. Je décidai que tout ce qui était vécu devait être gravé pour ne pas être oublié. Le soir, j'expédiais mes devoirs. J'entrepris des écrits s'adressant à un moi futur afin de l'aider à mémoriser. Je m'auto-informais de ces éléments cruciaux qui marquaient ma vie : « Je te fais le plan de ma chambre au cas où t'aurais déménagé depuis », ou bien « C'est horrible j'essaye les lentilles, ça me pique ! J'espère que t'en as maintenant, ça voudra dire que j'aurai réussi à m'habituer ! »

J'utilisais ce système également pour remettre en question le sens de ma vie d'enfant de douze ans. J'apprenais laborieusement mes leçons et en parallèle, griffonnais avec désolation dans mon carnet : « Je suis sûre que ça sert à rien tout ce que j'apprends en plus… Tu t'en souviens toi, de la date du baptême de Clovis ? Ça te sert à quelque chose dans ta vie d'aujourd'hui ? »

Je pris le soin de rédiger le tout en alphabet grec afin que ce partage n'appartienne qu'à moi. On n'est jamais trop prudent quand on a un frère et une sœur.

Je m'essayai à une autre lubie à laquelle je voyais certains adultes s'adonner. Me voyant privée de toute activité jusqu'à nouvel ordre, je craignis de ne me voir destituée de ma maigreur enfantine. J'avais pu voir ce phénomène se produire chez certaines de mes copines et comptais bien y échapper. Pas question de laisser mon corps basculer : il était évident que la vie perdrait tout son sens après l'enfance. J'avais pu observer la transformation en cours sur ma sœur, désormais âgée de seize ans, soudain piquée d'une incompréhensible folie : elle passait son temps enfermée dans sa chambre et s'adonnait à une révolte sans relâche contre nous, dont les raisons m'échappaient. Un jour où elle quittait la table, furieuse, en plein dîner, mon père m'adressa ces seuls mots en guise d'explication : « Ah, la crise d'adolescence. »

Si je n'y comprenais rien, je voyais bien que ça n'avait pas l'air très drôle à vivre. Mieux valait prévenir que guérir. J'entrepris un régime à base de salade verte pendant un mois. Je ressentis la faim physique pour la première fois et m'en extasiai. Je perdis cinq kilos et m'en félicitai. Une fois rassurée de savoir que je détenais ce pouvoir sur mon corps, je pus retourner à mes anciennes habitudes autrement exaltantes : avaler des dizaines de morceaux de sucre, me délecter du goût vertigineux du sucré à l'extrême fondant sur mon palais, et écouter le bruit sourd des petites billes grinçant les unes contre les autres jusqu'à épuisement de mon tympan.

Ubiquité

J'entrai au lycée à l'issue d'une année entière privée de tennis. Le temps de mon éphémère satisfaction quant au diagnostic du médecin était bien loin et je ressentais alors un manque terrible. J'attendais impatiemment le jour où je pourrais à nouveau courir, jouer, me dépenser, ressentir la joie des victoires.

Pour combler mon manque, je me dégotai une nouvelle obsession : parler l'anglais parfaitement couramment. Je profitai de mon temps libre pour engloutir toutes les séries TV américaines pour adolescents. Je restais scotchée à l'écran, revisionnant en boucle mes scènes préférées, celles où je pouvais apprécier la langue américaine dans toute sa dramaturgie. Je connaissais le ton, l'émotion des répliques par cœur, je les réécoutais et les répétais inlassablement.

Je commençais à nourrir le doux rêve d'être un jour moi-même la personne créatrice de ces émotions dans l'écran. Mais ce rêve ne quitterait jamais le stade de rêve. Par un étrange mécanisme de contradiction, il arrive parfois de rêver si fort à quelque chose qu'on n'ose pas faire un pas dans cette direction. Les pensées nourrissent tant le rêve qu'il prend une dimension sacrée dans l'imaginaire et c'est comme s'il valait alors mieux en rester loin pour ne pas troubler ce sacre. La réalité peut être si décevante en comparaison à l'imaginaire. Et puis, j'avais déjà choisi mon camp, celui du tennis. Il était trop tard pour en changer. J'avais déjà treize ans ! Les dés étaient jetés, j'étais déjà bien trop vieille pour essayer une nouvelle voie.

J'atteignis cet âge fatidique où tout s'entremêle, ce carrefour incohérent entre l'enfance et l'adolescence, doublé pour moi d'une intersection entre la vie de lycéenne normale et le tennis. Y a-t-il plus révélateur que la décoration de la chambre d'un préadolescent ? On eût pu croire pour la mienne à une chambre partagée par plusieurs enfants qui se seraient réparti la surface à décorer. Pas une parcelle n'en était recouverte d'images : il en allait de clichés de dauphins, d'héroïnes de séries TV, ou de joueurs de tennis, en passant par des œuvres d'Arcimboldo.

Je trouvais cependant qu'il me manquait de la place pour exposer mes centres d'intérêt. Je tentai d'en accrocher un au plafond. Il me tomba sur la figure quelques heures plus tard en pleine nuit. J'abdiquai. Ce qu'on disait était donc vrai : il faut faire des choix dans la vie.

J'avais « redoublé » mon année de tennis, c'est-à-dire que j'étais restée au même classement, n'ayant pu jouer la moindre compétition à cause de ma blessure au genou. Je me retrouvais donc larguée de quelques échelons au classement des tableaux statistiques de la ligue.

On téléphona à mes parents et on leur annonça qu'on devrait malheureusement renoncer à me garder dans le groupe l'année suivante. On s'appuya sur cette légendaire vision aiguisée du long terme, qui avait démontré toute son efficacité depuis tant d'années, pour ajouter subtilement :

— Oh de toute façon, Alizé sera classée 0 tout au mieux dans sa vie.

On n'eût trouvé meilleure manière de faire réagir mon orgueil. Si j'acceptais de me placer en *outsider* par une ambition plus vague que mes consœurs, je n'acceptais pas pour autant qu'on me définisse des limites. Je n'appartenais certes pas à la catégorie des jeunes qui affirment savoir exactement où ils veulent aller sans le moindre doute, j'irais là où j'irais. Mais qu'on me dise là où je n'irais pas, je le refusais vivement.

Il faut croire que l'effet produit fut le même chez mes parents car ils décidèrent de prendre les choses en main. Une amie de mon père, ancienne gagnante de Roland-Garros, le conseilla d'engager pour moi un certain entraîneur. Ce dernier était spécialisé dans la formation de la technique et dans la préparation mentale. Lorsque mon genou me permit enfin de rejouer, on m'emmena à sa rencontre. Il s'appelait François et vous écoutait parler en penchant la tête en avant pour mieux vous transpercer de son regard gris, qu'on devinait avoir été bleu par le passé. Lorsqu'il s'adressait à vous, il semblait ne jamais cligner des yeux. Si vous n'exprimiez pas assez clairement votre pensée à son goût, il répondait infailliblement sans ciller : « Je ne comprends pas. ». Et laissait planer le silence jusqu'à ce que vous parveniez à mieux exprimer votre idée. Il ne répondait à aucun code de la société, tant par ses vêtements trop vieux, ses cheveux gras, sa façon de vivre au jour le jour, que celle de s'adresser aux gens. Il dérangeait souvent, mettait mal à l'aise et s'en fichait éperdument.

La marginalité n'avait toujours qu'accru ma curiosité. Nous nous liâmes rapidement d'une relation très spéciale. Il me parlait toujours comme si j'avais la quarantaine comme lui et ne manquait jamais de me faire les remarques les plus singulières entre deux exercices tennistiques :

— Toi, Alizé, tu as le don d'ubiquité.

— Ça veut dire quoi ?

— Que tu es partout à la fois.

— Ah. C'est grave tu crois ?

— Non.

Il avisa mes parents de m'inscrire dans le même club que lui à la rentrée : le Tennis Club de Paris. Ce changement impliquait un transfert de la ligue des Hauts-de-Seine pour la ligue de Paris, à mon plus grand bonheur. Mon entrée en première fut donc synchronisée avec mon entrée dans ce nouveau club de tennis, qui était l'un des plus prestigieux en France et comptait parmi ses membres certains des plus grands champions français. Mais ce détail n'était que secondaire. Ce club était avant tout un lieu de vie et il devint ma deuxième maison et mon terrain d'apprentissage de vie sociale pour les dix années qui suivirent.

Mettez des dizaines d'enfants sportifs de la même génération sur trois hectares de pelouses, terrains de tennis, de basket, piscine, avec des parents trop contents de leur laisser une totale liberté pour boire des verres entre eux. Réunissez-les chaque jour après l'école et chaque week-end de l'année.

Pour ma part, mes parents ne faisaient même pas partie du tableau. Je prenais le bus pour m'y rendre ou bien on me déposait devant la grille d'entrée, et j'évoluais aux yeux de tous en simple électron libre, fille unique et orpheline de parents, se suffisant à elle-même.

Les autres jeunes fréquentaient tous le même collège sport-études avoisinant le club. Je pouvais ainsi garder mon autre vie secrète – celle d'une lycéenne environ dix ans plus âgée que celle que j'étais au tennis. La seule personne qui eût été en mesure de trahir ma seconde identité – celle d'une adulte – était François. Mon sang se figeait à chaque fois que je devais interagir avec lui devant les copains. Je le soupçonne d'avoir identifié sans problème la situation car il ne me livra jamais.

Une dimension d'absolu

Si j'entretenais au Tennis Club de Paris un rapport amical avec les garçons qui faisaient de formidables compagnons de jeu, ce club m'offrit d'intenses relations amoureuses avec les filles. Si je les qualifie d'amoureuses, c'est que je n'envisageais pas l'amitié autrement que dans une dimension d'absolu, rejetant la moindre place d'ombre.

Il se trouve que toutes mes amoureuses étaient dotées d'une beauté remarquable. Je pense n'avoir jamais fait de discrimination dans le choix de mes amies, mais je dois admettre que la beauté a toujours suscité chez moi l'admiration. Depuis petite, lors des spectacles où mes yeux restaient intensément rivés sur la danseuse que je trouvais la plus belle et ne daignaient avoir de regard pour le reste de la scène, jusqu'à aujourd'hui où je me surprends à être hypnotisée par l'aura d'une belle personne.

La première s'appelait Anabelle. Notre idylle dura deux ans. Nous étions inséparables, partagions aussi bien nos entraînements de tennis que les douches qui s'ensuivaient, le tout en piaillant inlassablement. Nous passions le plus clair de notre temps à glousser sans raison devant chaque scène qui se produisait devant nous, ou bien parler en anglais pour nourrir notre rêve américain et profiter du fait que les autres jeunes n'y comprenaient rien. C'était odieux et délicieux. Lorsqu'une journée passée ensemble s'achevait, il nous fallait prolonger ces intenses gloussements. Dès notre retour en nos foyers respectifs, nous monopolisions le téléphone fixe de nos parents pour partager les graves situations que nous traversions :

— Alizé, tu crois que c'est grave si on n'a toujours pas embrassé un garçon à treize ans ?

— Non, je crois que c'est pas grave.

— Mais tout le monde l'a déjà fait à notre âge, t'as remarqué ?

— Oui, mais bon, j'ai pas envie de le faire juste pour être comme tout le monde.

— Tu sais dans quel sens il faut tourner la langue ?

— Je sais pas. On aura qu'à demander à Laurie dans le vestiaire demain. Elle a seize ans et elle a un copain.

Hélas, je ne tardai pas à découvrir que la malheureuse n'était pas loyale. Je n'eus d'autre choix que de mettre fin à notre relation. Le cœur brisé, je me résolus à ne plus lui adresser la parole.

Par chance, je me liai très vite à une dénommée Alix, qui était de deux ans ma cadette. Outre la similitude de nos prénoms, la ressemblance physique qui nous dépeignait était frappante. Je vis là l'occasion rêvée de lui octroyer le statut de petite sœur que ma mère n'avait jamais eu la bonté de me donner. L'intensité et l'attachement dans notre relation étaient similaires à la précédente, si ce n'est que nous consommions également toutes sortes de sucreries à longueur de journée, et qu'au lieu de glousser du monde extérieur, nous gloussions cette fois de notre monde intérieur.

Je m'amusai à lui faire acheter les mêmes vêtements que moi afin de pousser l'expérience de sororité et de partage à l'extrême. Sauf que l'extrême ne me plut pas : en quelques mois, j'avais créé mon clone. La supercherie ne tarda pas à m'exécrer.

Un jour, elle sortit d'un contrôle de maths et me dit placidement : « Aujourd'hui sur ma copie, je me suis trompée. J'ai écrit ton prénom au lieu du mien. » Je jugeai préférable d'en rester là, non sans ressentir à nouveau une immense déception.

Sa successeur fut blonde aux yeux bleus : on n'est jamais trop prudent. Notre activité favorite consistait cette fois à s'asseoir dans un coin du vestiaire, écouter les chansons les plus tristes et déchirantes possibles, et pleurer ensemble une heure durant. Nous fîmes preuve de créativité et baptisâmes cet exercice « séance déprime ». Quel lien plus fort que celui créé dans la douleur ? Nos larmes ainsi versées dans le partage nous uniraient à jamais. Nous nous délections de cette souffrance imaginaire qui nous élevait au rang de martyrs incompris.

Je passais donc tout le temps extrascolaire que je pouvais dans ce nouveau lieu de vie, certains soirs de semaine après le lycée et le week-end. Sauf que j'y dépensais plus d'énergie à ma vie sociale qu'à m'entraîner. Je me laissais happer par ce nouvel environnement que j'adorais : rencontres de tous les âges, amours, amitiés, rires et bêtises partagées, premières soirées, premiers alcools.

Et s'entraîner dur était incompatible avec cette vie sociale, car l'adolescente que j'étais devenue malgré moi avait honte de l'effort. J'étais tiraillée sans cesse entre les deux. Comment se donner à fond, transpirer, souffrir à l'entraînement à quatorze ans, quand tes amis amateurs de tennis te font coucou en passant par là, ou bien t'attendent au bar quelques mètres plus loin pour boire une grenadine ? Je n'arrivais pas à passer instantanément de celle qui ne se prend pas au sérieux hors du court, à celle qui se prend au sérieux sur le court. Car s'entraîner dur, afficher qu'on veut réussir, c'est quelque part s'autoriser à se prendre au sérieux. Prendre son projet au sérieux et l'assumer face au regard des autres. Mon manège multi-identitaire se heurtait cette fois à des limites : je n'avais pas la maturité ou la force de dissocier ces deux personnages dans le même environnement.

Mes trois entraînements collectifs du soir et ceux du dimanche avec François me permirent malgré tout de recoller rapidement au wagon des meilleures Françaises. Mais je me construisais, comme la plupart des Françaises de mon âge, imprégnée de cette mentalité de vision à court terme : les perfs, le classement de l'année prochaine, la comparaison au classement des autres Françaises de mon âge, qui va monter à -15, qui a déjà perfé à -30. François essayait bien de m'implanter une vision différente, basée sur le long terme, mais il n'était avec moi que deux heures par semaine et l'influence de mon immersion quotidienne était trop forte.

Ailleurs dans le monde, d'autres jeunes filles apprenaient déjà à guerroyer sur le court, se forger un mental de gagnante, développer des armes tennistiques qui leur permettraient de conquérir le circuit professionnel dès les prochaines années.

Je continuais d'ailleurs à les observer quelquefois dans l'année lors des rares tournois internationaux auxquels je participais. Si j'admirais leur différence, je les voyais littéralement comme des extraterrestres débarquées d'une autre planète. Je vis des parents mettre des gifles à leur enfant de douze ans après un match perdu. Je vis des jeunes joueuses du même âge envoyées sur le court tels des petits soldats au combat, serrer le poing, hurler des *come on* stridents. Ce comportement me paraissait encore alors ahurissant.

Le tennis était toujours pour moi au stade de « compétition pour le loisir », et quand bien même je voulais fournir des heures supplémentaires, je me heurtais au système : j'étais championne de la ligue de Paris chaque année et mon club m'interdisait de m'y entraîner avec François, car ce dernier y était seulement membre du club et non entraîneur officiel. Le droit d'emmener son coach personnel n'était réservé qu'aux joueuses classées à quelques échelons au-dessus du mien, il me faudrait attendre deux ou trois années. La simple idée de la progression de leur meilleure jeune, justement pour l'aider à atteindre cet échelon le plus rapidement possible, ne leur suffisait pas. François, qui avait travaillé de nombreuses années aux États-Unis, où la liberté et l'esprit de performance régnaient, s'offusquait de ce frein imposé par le club. Pourquoi le simple respect d'un système établi passait-il avant l'efficacité ?

Un appel inconscient

Au lycée, je perdis toutes mes capacités de concentration. Le travail scolaire devint un effort de plus en plus insurmontable. L'heure du bac sonna juste à temps. La dégénérescence de mon cerveau me donna le sentiment que si je l'avais passé une ou deux années plus tôt, j'aurais obtenu de meilleures notes, et si je l'avais passé une ou deux années plus tard, j'aurais probablement échoué.

Nous dûmes logiquement nous pencher sur les procédures d'inscription aux études supérieures. Ma classe remplissait tous les critères correspondant à l'idée de la catégorie intello : section S, option latin, allemand première langue. La plupart des élèves se dirigeaient vers d'intenses études, comme les classes préparatoires ou bien médecine. Je tâchai de me fondre dans la masse comme il se devait et choisis au hasard cinq lycées pour ma liste d'inscription en classes préparatoires, tout en sachant pertinemment que je n'y mettrais pas un pied. Mon autre vie, celle du tennis, devait rester secrète. Afin qu'on ne me pose aucune question, j'agissais exactement comme on l'attendait de moi.

Comment décider de ce que l'on veut faire dans sa vie à quinze ans, ou même dix-huit, quand on a à peine commencé à se construire ? Bien sûr, chacun est différent. Pour ma part, rien n'était réfléchi, tout était instinctif et je n'avais aucune certitude autre que celle de savoir que « je n'irais pas juste m'enfermer à faire des études ».

J'avais beau avoir affirmé toute ma vie que je ne voulais pas devenir professionnelle au tennis, une force en moi que je n'aurais su décrypter m'empêchait de choisir le chemin des études. Était-ce une impossibilité de tirer un trait sur le tennis ou bien l'appel inconscient d'une opportunité d'échapper à la voie conventionnelle ? Était-ce une simple manifestation de mon attrait pour la complexité ?

Le système français ne dispose d'aucune solution pour allier sport de haut niveau et études supérieures. Ma seule option pour ce faire était de partir en université américaine. Mais mes parents s'y opposaient fermement : ils prétendaient me trouver trop jeune. J'étais prête à me battre pour obtenir cette autorisation : après tout, les parents c'était fait pour ça, ils étaient dans leur rôle. Eussé-je plié devant un simple et logique refus parental, je n'aurais pas été dans le mien. Mais un soir où je lançais à nouveau le débat, ma mère lâcha soudain prise et s'exclama : « Mais tu ne vois pas que ça fait mal de voir que tu ne penses qu'à partir loin ! » Les trémolos dans sa voix me figèrent. Je me tus instantanément. Je le comprenais oui, mais ça ne m'avait pas traversé l'esprit. Si vous voulez gagner un argument, baissez votre garde et trouvez le moyen d'activer la case empathie de l'autre. Je n'en parlai plus jamais et reportai cette tentative de départ à plus tard.

Bon, j'aurais sûrement encore beaucoup à découvrir à Paris une fois le lycée terminé. Je devais juste échapper à l'enfermement des études trop intenses. Mon seul obstacle était à nouveau de convaincre mes parents, mais l'argument de mon jeune âge me donnerait bien le droit de m'en défaire une année. J'eus une idée simple : mon père était médecin, et je devinais une mince déception qu'aucun de mes aînés n'ait emprunté cette voie. Pour ma part, elle ne me déplaisait pas. Comme beaucoup d'autres d'ailleurs, voire toutes les autres. Mais la charge de travail qu'elle imposait me la rendait pour l'instant inenvisageable.

Je négociai donc une année semi-sabbatique pour jouer au tennis. L'adolescente de quinze ans, classée -4/6, leur annonça :

— Papa, maman, je vais m'inscrire à la fac en BMPC – Biologie Mathématiques Physique Chimie. C'est la fac, il y aura peu d'heures de cours. J'aurai donc le temps de jouer plus au tennis, et j'étudierai la biologie, qui est en lien avec la médecine. Je pourrai donc prendre cette voie l'année prochaine avec un bagage intéressant.

Une enfant de huit ans convainquant ses parents de la laisser dormir chez une copine un lundi soir en période scolaire eût des arguments plus approfondis que les miens. Toujours est-il que le plan fonctionna. J'avais, sans le vouloir, appliqué une tactique infaillible : suite à notre combat sur les États-Unis, un compromis à Paris devenait soudain très séduisant.

Le proviseur de mon lycée tenta de gâcher mon plan. Il téléphona à ma mère pour tâcher de la raisonner :

— Il faut absolument envoyer votre fille en classe préparatoire !

— Ma fille veut jouer au tennis.

*

Je me retrouvai trois mois plus tard sur le campus de l'Université Pierre-et-Marie-Curie dans le sixième arrondissement de Paris, tentant vainement de trouver ma salle de classe. Je compris rapidement la nouvelle règle du jeu : pas d'encadrement, indépendance, chacun pour soi.

Finis ces liens d'amour-haine avec les professeurs, les réprimandes personnalisées qui faisaient glousser le reste de la classe, Monsieur Dijon a encore oublié son livre, vous nous ferez le plaisir de nous présenter l'exercice puisque vous êtes si bavarde aujourd'hui Mademoiselle Carbonne, passe-moi ton texte avant qu'elle passe dans les rangs stp, j'ai pas eu le temps de le faire Madame, je vous le jure c'est la dernière fois.

Non, les professeurs ne nous faisaient plus cet honneur tout simplement parce qu'ils ne connaissaient pas nos noms. Ils étaient simplement là pour exposer leur cours, au sens simple et pur du terme. En tireraient les étudiants ce qu'ils souhaiteraient en tirer.

J'étais en deuil. Et à la fois, je me sentais plus libre que jamais. Il me semblait avoir cligné des yeux et m'être trouvée propulsée dans la vie adulte.

Dites à une ado de seize ans qu'elle n'est pas obligée de venir en cours, qui ne l'intéresse pas particulièrement. Après deux mois à m'accrocher seule sans qu'on ne me retienne jamais, je succombai. Je séchai, juste pour voir, une heure de cours, qui se transforma en un souffle en une semaine entière. On ne m'y revit jamais.

Je me tournai vers le Tennis Club de Paris. Après tout, le but de tout ce stratagème était de « plus jouer au tennis ». J'y passais donc mes journées, me persuadant que j'y trouverais le chemin de la professionnalisation. Sauf que n'ayant aucune structure réelle, mon entraînement consistait simplement à contacter mes copains pour combler mes quelques heures organisées par le club : « Tu veux jouer demain ? ». Je touchais désormais à la raquette à un rythme proche du quotidien, mais c'était tout. Mes parents n'étaient pas dans le milieu sportif, ils n'avaient aucune idée de ce qui se tramait et s'en remettaient à leur confiance en mon jugement.

Aime-moi ou bien tue-moi

Au mois de novembre, le club organisa un stage physique pour les meilleurs jeunes. Le fléau de l'adolescence s'empara de moi : je flirtai avec un garçon plus âgé. Je n'avais relevé aucun chamboulement intérieur, biochimique ou hormonal, et voilà que sans même m'en rendre compte, j'étais passée de l'autre côté. Adieu petite fille, âge de perfection, de lumière infinie, âge où les tresses sont toujours symétriques, âge où sauter dans les flaques d'eau et ouvrir la bouche pour sentir fondre les flocons de neige sur la langue ne sont que synonymes de grâce. Mon corps ne m'avait même pas prévenue, et voilà que j'avais un petit copain. Soit. Ce n'était pas désagréable. Je demandais à voir.

L'affaire s'annonça rapidement beaucoup trop éprouvante. Pire encore, j'eus la mauvaise idée de tomber amoureuse. L'image que suggère cette expression se révélait si juste dans mon cas : j'étais tombée, tombée dans le puits, celui de l'amour, ou plutôt ça m'était tombé dessus.

Si je n'avais jamais eu d'affinités au lycée avec les tragédies romantiques de Corneille ou Racine, je me découvrais l'âme d'un de leurs personnages principaux. Mon être entier est à toi, aime-moi comme je t'aime ou bien tue-moi et regarde-moi mourir d'amour pour toi, car tu dois savoir que personne d'autre ne t'aimera comme moi et je veux que tes yeux et ton cœur s'en souviennent pour l'éternité. C'était donc ça le changement ! Ce n'étaient pas les règles. Le changement, c'était passer de vouloir tuer son frère à vouloir mourir d'amour. Quelle bêtise !

*

L'année passa en coup de vent. Je continuais à disputer des tournois nationaux pour gravir les échelons du classement français. En parallèle, je me renseignai sur le fonctionnement des tournois ITF (*International Tennis Federation*) pour tenter de m'immiscer dans le classement mondial. Je payai la cotisation pour rejoindre la plateforme où m'inscrire à ces tournois internationaux de catégorie adultes.

Je jetai un œil au calendrier : il y avait des tournois chaque semaine dans le monde entier, allant de la catégorie 10 000 dollars à la catégorie 100 000 dollars. Plus le *prize money* augmentait, plus les filles inscrites étaient bien classées, et plus la limite de classement minimum requis pour s'inscrire était relevée. N'ayant pas encore de classement mondial, je devais m'attaquer à la plus petite catégorie, les 10 000 dollars, et passer par les qualifications.

Je repérai dans la liste le tournoi d'Amiens : une heure trente de Paris en voiture, voilà qui serait parfait pour essayer. De plus, les qualifications commençant le week-end, ma mère pourrait me conduire le vendredi soir après son travail.

Nous prîmes la route pour Amiens. En arrivant sur le parking du club de tennis, nous croisâmes une joueuse que nous connaissions, accompagnée de sa mère. Nous papotâmes une bonne dizaine de minutes de banalités conventionnelles. À l'issue desquelles elle s'exclama soudain :

— Mais Alizé, tu as signé d'ailleurs ?

— Comment ça ? Signé quoi ?

— La feuille pour confirmer que tu es là. C'est avant dix-huit heures !

— Mais de quoi tu parles, je ne savais pas ! C'est où ?

Elle baissa les yeux sur sa montre et me pressa :

— Vite, dépêche-toi ! Il est dix-huit heures pile. Là-bas, dans le bureau du juge arbitre !

J'accourus dans le *club house* à la recherche du bureau du juge arbitre. Le juge arbitre est envoyé par l'ITF pour organiser le tournoi, le tirage au sort des tableaux, faire la programmation journalière des matchs, désigner les arbitres sur chacun des matchs, et superviser le bon déroulement de ceux-ci.

— Je suis désolé Mademoiselle Lim, il est 18 h 02. La signature pour les qualifications fermait à 18 heures pile.

— Vous voulez dire que je ne peux pas jouer ? Mais j'étais arrivée il y a dix minutes déjà ! Je ne savais pas qu'il fallait venir signer… Il doit bien y avoir un moyen !

— Je suis désolé, c'est trop tard. C'est le règlement.

Il désigna l'horloge suspendue au mur, affichant quelques minutes après dix-huit heures. Je restai plantée là, envahie d'un mélange d'incrédulité et de grande déception. Après quelque trente minutes à essayer de trouver un moyen pour participer au tournoi, via une invitation (appelée *Wild Card*) ou autre, je dus baisser les bras et me résigner. Nous regagnâmes la voiture et fîmes demi-tour vers Paris.

Je ne crus pas si bien m'en tirer. Je reçus quelques jours plus tard un courrier électronique de l'ITF, m'informant qu'une amende du montant de cent dollars m'avait été administrée pour cause de « Non présentation au match / Retrait après l'enregistrement ».

Une copine tenta de me réconforter : « Tu sais, un jour, Shérazad, elle est allée jusqu'en Italie, et elle a signé sur la mauvaise ligne. Elle n'a pas pu jouer. »

Je n'étais pas si mal lotie finalement. Heureusement, je l'aimais ce sport.

*

La fin de l'année sabbatique d'études pointait déjà le bout de son nez. Il me semblait pourtant que je venais tout juste d'obtenir mon joker. J'avais à peine effleuré une approche de ce que je pensais être le monde professionnel. De plus, ma nouvelle expérience amoureuse se prolongeait et avait dérobé une partie de mon attention sur ce but originel. Il me fallait gagner un peu plus de temps.

Choisir, renoncer à une voie, était à mes yeux synonyme d'échec. Je m'enquis sur les passerelles d'études possibles réservées aux sportifs de haut niveau. Je m'appuyai sur le fait que j'étais troisième Française au classement français de mon année d'âge, ce qui ne voulait franchement rien dire, pour me constituer un dossier vendable. Après quelques tests et rendez-vous à la Chambre du Commerce et de l'Industrie de Paris, j'obtins mon sésame pour deux de leurs écoles au choix : HEC ou ESCP, sous réserve de validation de deux ou trois années de faculté, dans le domaine de mon choix. Bingo ! J'avais donc trois années de liberté devant moi. Je ne m'embarrasserais plus des sciences cette fois, j'irais vers ce qui me serait probablement le plus facile : l'anglais. Mes parents ne pourraient encore une fois qu'approuver : se défaire des années de classes préparatoires et éviter les concours pour entrer à HEC, c'était carrément une chance inouïe.

Je pus renouveler mon expérience de tournois ITF dans quelques nouvelles villes françaises cet été-là et en comprendre le fonctionnement financier. Je participai même à deux 25 000 dollars, la catégorie au-dessus des 10 000 dollars.

Ces sommes correspondent au *prize money* global distribué sur tout le tournoi. Ainsi, une joueuse perdant au premier tour du tableau final d'un 10 000 dollars touche environ 100 dollars, et la joueuse qui l'emporte autour de 1 500 dollars. Dans une catégorie supérieure, avec des joueuses mieux classées, par exemple un tournoi 100 000 dollars, ces sommes sont logiquement multipliées par dix. Les points distribués sont également plus ou moins conséquents selon la catégorie du tournoi. La somme des points marqués par une joueuse lors des douze derniers mois détermine son classement mondial WTA (*World Tennis Association*).

Chaque joueuse doit financer elle-même tous ses voyages pour accéder aux tournois : billets d'avion, hébergement, repas, et autres frais de déplacement. Les joueuses qui souhaitent s'accompagner d'un coach afin de mieux performer voient ces dépenses multipliées par deux, en plus de son salaire qu'elle doit assumer.

Ainsi, pour gravir les échelons du classement mondial, il me fallait rentrer dans cette course aux points chaque semaine, voyager là où les tournois avaient lieu, et donc investir beaucoup d'argent. À dix-sept ans, mes parents acceptaient de me financer ces quelques déplacements à travers la France. C'était déjà une grande chance.

Les limites du possible

Je découvris une nouvelle université à la rentrée, celle de la Sorbonne-Nouvelle. Je restai cette fois raisonnablement présente et validai ma première année. J'étais cependant très frustrée car mon plan ne fonctionnait pas du tout. La faculté exigeait peu d'heures de présence, certes. Mais elles étaient réparties dans un tel désordre qu'il m'était impossible de programmer des entraînements tennistiques. J'avais parfois seulement trois heures de cours, mais de 10 heures à 12 heures puis de 16 heures à 17 heures par exemple. Il ne s'agissait pas du tout de l'emploi du temps aménagé que j'avais pu observer chez mes camarades de club au lycée tennis-études et dont j'avais rêvé. Je ne pus participer qu'à quatre tournois ITF en France pendant l'année scolaire. Si j'avais toujours réussi à allier les deux au collège et au lycée, je dus enfin admettre que cette fois, je touchais les limites du possible. Je n'avais pas choisi le chemin des grandes études pour pouvoir jouer au tennis, et je ne jouais pas non plus vraiment au tennis car incapable de mettre complètement une croix sur les études. En résumé, je faisais mal les deux. Il me fallait trouver encore une autre solution.

J'appris l'existence d'une branche de téléenseignement à la Sorbonne-Nouvelle, mise en place pour les personnes à mobilité réduite, dans l'incapacité de se déplacer jusqu'à l'Université. Je constituai un nouveau dossier pour expliquer mon cas particulier et postulai.

À l'aube de mes dix-huit ans, mon inscription était validée. Je disposais de deux nouvelles années de totale liberté. La frustration entra alors en jeu. Si j'avais pu trouver des solutions dans le domaine universitaire, je me rendis bien vite compte de mon manque de ressources dans le monde du tennis. Mes parents me finançaient mes voyages en tournois, pensant m'apporter là tout le soutien nécessaire. Ils m'accordaient une confiance aveugle pour mener à bien mes projets. En vérité, on confondait ma maturité dans la vie et ma capacité à me structurer dans mon tennis.

J'apprenais beaucoup sur le tas lors de mes voyages certes, comme l'importance des échauffements d'avant-match, ou la nécessité de ne pas arriver la veille au soir comme je l'avais fait à Amiens. Je n'avais aucun problème à réserver mes vols et mes hôtels de façon responsable. Mais j'étais seule. Je sentais que je n'avançais pas aussi vite que je le pouvais. J'errais seule, toujours dans mon club, faute de structure. Je ne savais pas par où passer. On me rendit compte de l'importance de l'entraînement physique, j'allais courir toute seule sur le tapis sans objectif précis. Et je faisais toujours face à cette difficulté à alterner vie sociale et vie de joueuse de tennis au sein du même environnement.

À la maison, des crises éclataient parfois alors que je faisais part de mon désarroi et mon sentiment d'impuissance à mes parents. Ces derniers ne connaissaient rien au monde du tennis, à son fonctionnement et se trouvaient démunis face à mes demandes. Dans ma tête, j'avais des mythes imprimés : les champions de tennis sortaient des académies comme

Bollettieri en Floride, ou bien Sánchez-Casal en Espagne. Ces mythes nourrissaient mes rêves. Je ne progresserais jamais tant que je continuerais à errer dans mon club parisien.

Mon père, impuissant, s'attablait au bureau face à l'ordinateur pour étudier les sites Internet de ces académies et revenait vers moi l'air désemparé : « Je suis désolé Alizé… ça coûte 2 000 euros par semaine pour s'entraîner là-bas… Je ne peux pas t'y envoyer. Mais tu pourras faire une semaine de stage cet été si tu veux ? »

Voir leur peine de ressentir ma peine redoublait ma peine. J'étais consciente de l'énormité de ces sommes. Je tentais de ne jamais le laisser paraître, mais j'étais désespérée. Et pour la première fois, dépourvue de ressources.

Un jour, ma mère me lança une nouvelle hypothèse :

— Et Ericsson ? Son académie est proche de Paris, non ?

Thomas Ericsson était un entraîneur français d'origine suédoise qui avait entraîné des joueurs en haut de l'affiche. Il avait fondé une académie en région parisienne, connue pour rassembler un groupe des meilleurs jeunes du monde entier. Je connaissais des joueuses françaises qui s'y entraînaient : Camille et Sarah. Elles avaient le même classement français que moi, mais étaient d'un et deux ans mes cadettes, parcouraient le circuit mondial junior, étaient professionnelles depuis quelques années déjà. Mon esprit était bloqué sur ces statistiques. Je ne valais rien à côté d'elles. C'était évident.

— Il n'y a que les toutes meilleures Françaises qui sont là-bas. Je ne suis personne moi, tu parles, ils me riraient au nez !

— Tu n'en sais rien, tu n'as pas essayé !

Je fonçais alors dans ma chambre sangloter la tête dans l'oreiller. J'étais arrêtée sur cette idée absurde : il fallait que je me débrouille pour progresser seule, faire mes preuves dans un premier temps. Une fois que j'aurais décroché un classement correct, rattrapé ce que j'assimilais à un retard, je pourrais enfin aller toquer aux portes de ces institutions.

Je me regonflais alors d'une illusion de toute puissance, me convainquant que rien ne résisterait à une volonté sans faille. En m'y attelant avec toute la force de mon âme, cet amant difficile finirait bien par plier !

Ainsi, je passais ces deux années de faculté par correspondance à voyager seule et me construire un semblant d'expérience sur le circuit. Le bon côté était que ce mode de vie ne manquait pas d'aventures et de découvertes.

Lors des vacances d'été, je partis pour ma première tournée de tournois à l'étranger, au Maroc, accompagnée de ma meilleure amie Margot, qui ne jouait pas au tennis. Nous appréciions cette liberté et vivions ce voyage comme des premières vacances sans parents. Nous commandions des pizzas au fromage à la pâte épaisse presque tous les soirs, et partions à la mer ou à la piscine chaque après-midi après mes matchs. Que de telles priorités ne fussent pas recommandées lors d'un tournoi de tennis ne me traversait pas l'esprit. Je ne songeai même pas à ce moment-là que ce mode de vie pût me pénaliser puisque j'atteignis ma première demi-finale lors de la première semaine.

Je fêtai mes dix-huit ans après une victoire, sur le lit de cette chambre d'hôtel sur la corniche de Casablanca, partageant une pizza au fromage avec ma meilleure amie, mon sac de tennis au pied du lit. Je n'aurais pas rêvé plus beau cadeau pour ma majorité.

Un gouffre de pensées

Un an plus tard, j'avais participé à une vingtaine de tournois que j'avais choisi les plus proches possible de la maison, afin de limiter le coût des voyages à mes parents : Roumanie, Autriche, France, Turquie, Angleterre, Belgique, Finlande et Tunisie.

Un tournoi dure toujours une semaine, sauf les quatre tournois du Grand Chelem (les plus relevés et les plus importants) qui s'étendent sur deux semaines. Si les tournois en France ne présentaient généralement aucune surprise, certaines de ces destinations nous obligeaient à expérimenter des conditions plus précaires. Avant de prendre l'avion, je me rapprochais généralement des autres Françaises dont je voyais le nom sur la liste d'inscription et m'organisais pour passer le voyage avec elles, afin de me sentir moins seule.

La plupart du temps, les tournois dans des pays aux conditions plus difficiles sont dits « plus faibles », c'est-à-dire que le niveau y est moins fort, car moins de joueuses veulent s'y rendre. Il y est par conséquent en principe « plus facile » de marquer des points et donc de faire grimper son classement mondial. Mais performer y est plus dur car il faut gérer ces conditions qui ne sont pas forcément favorables à un bon état d'esprit pour jouer et se battre sur le court. Il faut dépenser plus d'énergie à s'adapter à des terrains de moins bonne qualité, ou bien des raquettes moins bien cordées car le cordeur peut y être moins compétent. Ou encore, avoir affaire à un kinésithérapeute inexpérimenté qui ne nous sera d'aucune utilité si nous venions à avoir mal quelque part.

Aller jouer en Inde plutôt qu'en France signifie être confrontée à des filles d'un classement et niveau plus faibles pour marquer un nombre de points identique. Mais se sent-on capable de performer lorsqu'on a fait cinq heures de train local indien sur une couchette sale, à ne pas pouvoir dormir par peur de se faire voler ses affaires ? Lorsqu'on ne sait pas quelle nourriture on trouvera au petit déjeuner de l'hôtel pour prendre des forces avant un match ? Ou que la surface des terrains sera de la « bouse de vache » ?

Il est donc une tactique personnelle pour chacune d'établir sa programmation en choisissant les lieux et catégories de tournois qu'elle pense être le mieux pour elle afin de marquer des points et monter au classement. Il faut organiser son calendrier en faisant attention aux différentes surfaces car un changement de surface nécessite dans l'idéal une période d'entraînement pour y adapter son jeu. Il faut penser aux temps de voyage et aux décalages horaires qui brûlent de l'énergie supplémentaire, au budget financier pour celles qui doivent gérer leur argent. Il faut faire en sorte de s'octroyer des temps de repos afin de ne pas se griller mentalement en enchaînant trop de voyages et semaines de tournois.

J'avais parcouru ces pays seule ou bien en me bricolant un entourage de survie pendant une année entière, et commençais à désespérer de ne pas avoir de résultats à la hauteur de mes attentes : je n'avais additionné de points que pour me situer à la 800e place mondiale.

Le tennis est un sport qui voit le compétiteur échouer presque chaque semaine. Chaque semaine ou presque se termine sur une défaite. Sauf les champions que vous voyez à la télévision me direz-vous ? Si je prends le palmarès du numéro 1 mondial au moment où j'écris ces lignes et regarde ses résultats des douze derniers mois : il a fini la semaine vainqueur cinq fois et a fini perdant dix fois. Si je prends le palmarès de la numéro 1 mondiale et regarde ses résultats des douze derniers mois : elle a fini quatre fois victorieuse sur dix-sept tournois en tout. Telle est l'excellence du pourcentage d'une fin victorieuse qu'on peut atteindre dans ce sport. Et donc, pour quelqu'un qui fonctionnerait comme moi, l'excellence du pourcentage pour finir une semaine heureux.

Au terme de cette première année de voyages à temps plein, je commençais à véritablement souffrir de ce système à échecs répétés. Le problème lorsqu'on sait qu'on va souffrir si on perd, est qu'on a encore plus de pression lorsqu'on joue : on redoute au fond de soi cet horrible sentiment qui suit une défaite, ce qui entraîne à penser à cet enjeu et non plus au jeu, et qui va à l'encontre de la performance. En résumé, on a plus de mal à se libérer pour performer sur le terrain. Et donc plus de chance de perdre. Cercle vicieux. Chaque semaine se terminait par la sensation d'un couteau dans le ventre dont je savais qu'une nuit d'insomnie s'ensuivrait, et un lendemain chargé d'un poids dans la poitrine. Rongée par les « et si j'avais fait comme ci, et si j'avais gagné ». Et pourtant, obtenir la victoire aurait simplement repoussé l'échéance d'une journée. Car cette sensation était finalement inévitable chaque semaine. Le soir dans les chambres d'hôtel, se multipliaient les crises de boulimie qui se terminaient immanquablement face à la cuvette des toilettes.

Le bouillonnement intellectuel se mettait au service de la dissection analytique de l'échec. Je tombais dans un gouffre de pensées qui me voyait décortiquer mes erreurs à l'infini, revivre les images du match perdu enregistrées avec une précision extrême. Cette ébullition cérébrale semblait fonctionner en corrélation avec une injection de poison en continu dans le corps. Je rêvais alors d'une voix extérieure qui eût assisté au match et pu mettre fin à mes questionnements sans fin, et donc à ma douleur. Vomir me donnait l'illusion d'expulser ce poison de mon corps.

Si ma maturité dans la vie convenait parfaitement à ce mode de vie de voyages et d'organisation malgré mes dix-neuf ans, ma fragilité n'en était que redoublée sur le terrain. Sur le court, j'étais mise à l'épreuve émotionnellement et sans cesse renvoyée à mon besoin d'être rassurée affectivement. À la recherche désespérée d'un regard de soutien au bord du court, d'une paire d'yeux avec qui partager silencieusement les émotions vécues, d'un hochement de tête approbateur qui apaiserait mes doutes. Ma façon de jouer est-elle la bonne ? Ma tactique est-elle valide ? Devrais-je la changer ? Que fais-je de mal ? Je mène au score, mais si je pouvais faire mieux ? Mais alors, quoi ? Va-t-elle finir par deviner que je vais jouer ce coup ? Devrais-je donc changer avant qu'elle l'anticipe ? Les questionnements s'enchaînaient à l'infini entre les points, et même parfois en pleine action. Les analyses s'accompagnaient en permanence de mises en parallèle ultrarapides avec des souvenirs de matchs passés, des paroles d'entraîneur. Ce manège cérébral engendrait tour à tour une exacerbation de frustration, d'excitation, de peur, de joie, de désespoir, d'énervement explosif, et bien d'autres. Mais, étant seule, je ne pouvais trouver de ressources qu'en moi-même pour rebondir et gérer ces émotions. Tenter en permanence d'en faire redescendre l'excès. Lorsque la frustration atteignait des sommets pendant un match et que je bouillonnais jusqu'à un stade insupportable, j'allais jusqu'à m'enfoncer les ongles dans la peau et me griffer les cuisses jusqu'au sang. Afin de reporter la douleur interne en une douleur externe. Discrètement, silencieusement, à l'abri du regard adversaire. Mes jambes arborèrent de longues cicatrices linéaires pendant plusieurs années.

Parfois, lorsque l'hyperactivité cérébrale s'emballait à tout rompre, lorsque le circuit s'emballait trop, j'avais l'impression d'une coupure de courant émotionnelle : je me retrouvais hors de mon corps et devenais spectatrice du match, hantée par un foisonnement de pensées totalement déconnecté du match lui-même. Alors, je ne souffrais plus de rien d'autre que de voir défiler le score. L'ennui, après le gain du premier set par exemple, provoquait lui aussi ce même mécanisme de déconnexion. Suivi de l'inévitable culpabilité de ne pas avoir été assez forte pour empêcher ce phénomène de se produire.

Si j'avais du mal à me séparer de mon doudou en école maternelle, l'adulte était toujours en quête de solutions affectives : l'oreiller de la maison glissé dans ma valise jouait un rôle de repère rassurant dans ces chambres d'hôtel dénuées de chaleur que je retrouvais chaque semaine.

Tennis, je fais corps à corps avec toi et peu m'importe ce que j'y laisserai car n'est-il pas de toute façon impensable d'envisager vivre au-delà d'un vingtième anniversaire ?

Après chaque défaite, je puisais en moi afin de repartir au combat et rallumer la flamme de l'espoir. Car l'avantage dans ce sport en revanche, est qu'on bénéficie d'une nouvelle chance chaque semaine. Le niveau de jeu est très homogène entre toutes les joueuses dans chaque tournoi et chacune sait que « n'importe qui peut gagner » et que « tout le monde peut battre tout le monde ». Personne ne pouvait annoncer avant chaque début de tournoi qui l'emporterait. Et n'importe quelle semaine qui tournerait bien pourrait faire faire un bond au classement, engranger la confiance et faire basculer un destin, très rapidement.

Une épreuve quotidienne

Faire défiler le calendrier des tournois à venir ne cessait de raviver l'espoir en moi. Il me donnait une vision d'un futur meilleur. Du tournoi qui tournerait en ma faveur et me remplirait alors d'un bonheur inégalable.

J'aperçus dans la colonne du mois d'octobre une tournée de deux tournois en Afrique du Sud. Je me laissai happer pour la première fois par une destination lointaine, qui attisait mon désir d'exploration. Par la même occasion, je nourrissais l'illusion de recouvrir les entailles que j'avais accumulées en moi à cette période.

À l'embarquement, je me présentai avec mon sac à main et mes trois raquettes de tennis. Les agents de la compagnie aérienne me les confisquèrent en s'appuyant sur l'argument selon lequel « le cordage de mes raquettes pouvait être utilisé pour étrangler quelqu'un et donc être considéré comme une arme ». Certains meurtriers ne manquaient visiblement pas de créativité. J'eus beau protester que mes trois raquettes envoyées dans une simple housse fine en soute ne supporteraient pas un voyage de seize heures, je ne me vis pas laisser le choix.

Mais rien n'eût nui à l'émerveillement de cette lointaine escapade solitaire. Je montai dans l'avion au sommet de mon excitation : il s'agissait du premier vol long-courrier de ma vie. Je m'enchantai de tous ces gadgets créés par l'homme pour rendre un long vol plus agréable. Je testai chaque bouton de la télécommande, chaque fonctionnalité de la petite télévision, ne laissai pas une miette de chaque encas qui m'était servi. L'enfant de retour en moi s'émerveillait.

Arrivée en terre sud-africaine, je me dirigeai vers le tapis de livraison des bagages de l'aéroport de Johannesburg. J'eus le malheur d'avoir raison : je retrouvai mes trois raquettes cassées.

Je me mis en route vers l'hôtel, et pris possession de ma petite chambre qui m'offrait une vue imprenable sur la ville de Pretoria, capitale administrative de l'Afrique du Sud. Jamais je ne m'étais sentie aussi loin de chez moi. À juste titre : jamais n'avais-je été aussi loin de chez moi.

Debout face à la fenêtre, j'appréciais toute la dimension de ce sentiment de liberté infinie.

On m'avait mise en garde sur les dangers qui sévissaient dans cette ville. Mais l'insouciance de mes dix-neuf ans et mon enchantement en ce début de voyage devenaient synonymes d'invincibilité. On entendait des coups de feu la nuit, je sortais de jour me balader seule pour explorer les environs, vêtue d'une tenue adéquate pour une journée de tourisme en Italie : petite robe d'été, lunettes de soleil, appareil photo. On ne m'importuna jamais.

Pour quiconque voulait un aperçu rapide de la situation quinze ans après l'abolition de l'apartheid, l'organisation du tournoi s'y prêtait parfaitement. L'hôtel officiel du tournoi, dans un quartier où on ne pouvait rencontrer que des habitants de couleur noire dans la rue et les supermarchés. À dix minutes de là en voiture, le club dont les alentours se composaient d'immenses villas de rêve et d'un grand centre commercial où je ne vis que des blancs. Au club, parmi les joueuses locales, on voyait les noires s'entraîner sur un court et les blanches sur un autre. Jamais je ne les vis se mélanger pour jouer ensemble.

La compétition débutait trois jours plus tard. Je me procurai le contact du responsable de la marque de mes raquettes en Afrique du Sud et sollicitai sa bienveillance pour m'en faire parvenir au plus vite. Dans mon modèle de raquettes, il ne lui en restait que deux, dans une taille de manche supérieure à la mienne, le plus souvent utilisée par les hommes. Première étape d'adaptation. J'ôtai le grip qui enveloppait le manche de la raquette afin de pouvoir la faire tenir dans ma main. Un tel changement ne faisait visiblement pas partie des mœurs professionnelles et ne fut pas anodin : les arêtes du manche dénuées de grip étaient au toucher plus en relief. Des ampoules se formèrent sur ma main droite.

J'organisai des entraînements et tapai mes premières balles en terre sud-africaine. Sans n'y rien comprendre, je me sentis horriblement mal : je ne contrôlais rien du tout. Le tennis est une épreuve quotidienne en cela que jamais rien n'est acquis. On peut travailler un coup et le maîtriser à la perfection un jour, et ne plus le sentir du tout le lendemain. On peut jouer très bien à un tournoi et se sentir horriblement mal la semaine suivante, ou inversement. On peut jouer incroyablement bien à l'entraînement à la maison, et arriver en tournoi et avoir le sentiment de devoir tout recommencer, car les conditions de jeu environnementales sont différentes : balles, surface des terrains, chaleur, humidité… C'est une remise en question permanente qui demande beaucoup d'humilité, quel que soit le niveau de jeu du joueur. C'est un combat mental de tous les instants car une fois ces conditions environnementales apprivoisées, il faut continuer en permanence de s'adapter aux conditions qui fluctuent à chaque instant : l'adversaire du jour, son jeu et son état mental, le vent, le soleil, les erreurs d'arbitrage… C'est aussi pour toutes ces raisons qu'il est infiniment addictif : rien n'est jamais acquis. C'est un challenge remis en jeu indéfiniment qui ne manque jamais de faire monter l'adrénaline.

En résumé, le travail du joueur de tennis est de tirer le meilleur de chaque jour et à chaque instant, en se concentrant sur ce qu'il peut contrôler dans les conditions du moment. Ne jamais émettre de jugement, simplement chercher les solutions. Ne pas se préoccuper du score. Fermer la porte aux émotions négatives qui pourraient lui faire perdre son efficacité.

Ce dernier point n'était pas vraiment mon fort. Ma spécialité à moi, dans la vie comme au tennis, c'était plutôt d'être envahie d'émotions à chaque instant, d'analyser chaque situation à l'infini, et de tout prendre trop à cœur. Pratique ! En l'occurrence, j'avais l'impression d'avoir soudain perdu mon tennis et ne pouvais m'empêcher de me le répéter, ce qui ne conduisait qu'à accentuer le phénomène. Je parvins à remporter seulement trois matchs sur ces deux tournois, en souffrant de me voir jouer mon plus mauvais tennis, sans en comprendre la cause ni parvenir à trouver les solutions en moi. Sur le court, je contenais mes larmes.

En discutant avec d'autres joueuses, je finis par apprendre que ces différences de sensation étaient « normales » : elles étaient dues au fait que Pretoria se situe à 1 339 mètres d'altitude. L'altitude influe considérablement sur le jeu du tennis, la balle traversant l'air plus vite et s'envolant plus haut, plus loin qu'au niveau de la mer. Afin de gérer au mieux ces conditions de jeu, il fallait entre autres commencer par augmenter la tension de son cordage pour ne pas perdre le contrôle de la balle. Ces pratiques étaient bien connues de tous, évidemment. Il existait d'autres moyens pour adapter son jeu à ces conditions, qui me resteraient alors inconnues.

Je complétai, au prix d'intenses moments de détresse, mon cahier des charges virtuel de l'apprentissage de ce sport.

Une obsession de tous les instants

Trois mois plus tard, j'entrepris un nouveau voyage sur un continent outre-mer : à nouveau deux semaines, deux tournois dans les Caraïbes, en Guadeloupe puis à Saint-Martin. Dites à votre entourage que vous partez dans les Caraïbes au mois de janvier : on vous jalousera sans hésiter. Mais loin de moi était la joueuse qui, un an et demi plus tôt à Casablanca, partait à la mer ou à la piscine après chaque match joué.

J'avais désormais intégré cette partie du métier : la plupart du temps, et surtout lorsqu'on enchaîne les victoires, l'expérience se résume principalement à des allers-retours entre l'hôtel et le club. Avoir du temps pour visiter n'est jamais très bon signe : ça signifie qu'on a perdu tôt dans le tournoi. Si l'on dispose d'un jour de repos ou l'on finit son match tôt dans la journée, il vaut mieux éviter de brûler l'énergie qui devra servir au match suivant. Il arrive très souvent de quitter une ville ou un pays sans avoir vu autre chose que l'hôtel et le club de tennis.

Lorsqu'on a le malheur de perdre tôt lors d'une tournée de tournois, on est dans l'attente que le tournoi suivant débute, la semaine suivante. C'est long et éprouvant, encore plus sans l'accompagnement d'un entraîneur. Il est souvent difficile d'avoir accès aux terrains et il faut subir le spectacle des matchs encore en cours, de la compétition dont on a été éliminé. Crève-cœur, chaque jour, jusqu'au nouveau départ, le lundi suivant, où tous les compteurs sont remis à zéro.

Dans les Caraïbes, jouer un tournoi signifiait se réveiller face à la mer chaque matin sans pouvoir y mettre un pied. La chaleur était si écrasante que la plupart des matchs furent planifiés en soirée afin d'éviter aux joueuses de subir une insolation. Je passais donc le plus clair de mes journées, telle une lionne en cage, à attendre dans ma chambre d'hôtel, entre lecture et séries TV, résistant à l'appel de l'environnement paradisiaque. Le sacrifice se révéla facilement supportable : j'y vécus un enchaînement de victoires.

Rien ne m'eût propulsée vers de si hauts sommets de bonheur. Rien ne m'eût emplie d'une telle légèreté. J'atteignis la finale du premier tournoi et remportai le deuxième, en prenant ma revanche en finale sur la joueuse qui m'avait arraché le premier trophée.

Mon assiduité était récompensée : je repartais de cette tournée avec une confiance engrangée, que je me hâtais de faire fructifier pour la suite de la saison.

La confiance est ce petit ingrédient magique, qui au tennis, a le pouvoir de faire basculer un match, un tournoi, une saison entière du bon côté, bien plus que la maîtrise technique d'un coup ou la forme physique. La confiance est ce composant impalpable qui va faire la différence entre un coup dix centimètres dedans ou dix centimètres dehors. Elle est le Graal auquel tout joueur de tennis court après, car on sait qu'elle peut donner des ailes. Elle se construit au prix de longs efforts à l'entraînement et de victoires engrangées, et se révèle très fragile. Une fois qu'on la gagne, on sait qu'il faut s'y accrocher fort car un seul grain de sable et on risque de la voir s'envoler.

Le vol que je réservai pour le lendemain de mon dernier match était en fin d'après-midi. Je décidai d'en profiter pour mettre fin à ma privation. J'enregistrai mes bagages à l'aéroport le plus tôt possible et m'en allai sur cette fameuse plage de Saint-Martin, si proche de l'aéroport que les gens se plaisent à assister au spectacle des avions qui frôlent leur tête de quelques mètres à peine, avant d'atterrir. J'y trouvai une mer déserte. Une mer agitée, à laquelle personne ne voulait visiblement s'essayer.

Pour ma part, aucune parcelle de ma raison ne m'eût soufflé de ne pas goûter à ce fluide turquoise qui me tendait les bras depuis deux semaines. Je n'hésitai pas une seconde, et me jetai la tête la première. Bonheur, fraîcheur, je savourai cet instant singulier. J'ai toujours aimé avoir la tête sous l'eau car j'ai l'impression de devenir sourde au monde réel et de tendre l'oreille à la musique et au bercement d'un monde parallèle. Dans la baignoire quand j'étais petite, les bruits que je percevais sous l'eau me laissaient imaginer un berceau de vie caché dans la tuyauterie entre les murs qui séparaient notre appartement de celui des voisins.

Je me laissais envelopper par les vagues. Je me laissais emporter par les vagues. Jusqu'au moment où je réalisai que j'avais en fait perdu le contrôle de mon déplacement. Mon cœur s'accéléra. Je tâchai de repérer au loin, le point correspondant à l'endroit où j'avais laissé ma serviette. Je rassemblai toutes mes forces et entrepris de regagner le rivage. Allez Alizé, c'est comme au tennis, « pense au jeu, pas à l'enjeu » ! Ne pense pas à ce qui pourrait arriver, concentre-toi sur ce que tu peux contrôler maintenant, tout de suite, nage simplement vers le sable du plus fort que tu peux !

Au terme de ce qui me parut une éternité, je me rapprochai enfin de la plage et calmai mes efforts. J'eus bientôt pied et m'apprêtai alors à sortir de l'eau. C'est à ce moment précis qu'une vague s'empara de moi, s'enroulant autour de moi, m'aspira très fort et me plaqua violemment contre le sable.

Je me relevai en un mouvement qui révéla sans doute toute la disgrâce dont je suis capable et Dieu sait que j'excelle dans ce domaine. Je ressentis une douleur lancinante dans mon épaule gauche, qui avait été choquée de plein fouet contre le fond de sable dur. Je tentai de lever le bras : impossible. La douleur était multipliée par deux dès que j'esquissais le moindre mouvement. Je me rhabillai tant bien que mal et me dirigeai vers l'aéroport. Dans l'avion, j'avalai les comprimés antidouleur que les hôtesses eurent la bonté de me donner.

De retour à Paris, mon épaule était devenue toute bleue. Je me retrouvai à nouveau dans le cabinet haussmannien du médecin qui, sept ans auparavant, avait élucidé le mystère de ma blessure au genou droit. Verdict des examens : entorse acromio-claviculaire de l'épaule gauche, six semaines d'arrêt du sport. Après lesquelles tout serait à recommencer.

Je ne parvins à reconstruire cet état de « confiance » que quatre mois plus tard.

Quiconque mettrait cet épisode sur le compte de « la faute à pas de chance » n'a pas compris la discipline du tennis professionnel. C'était d'ailleurs mon cas à l'époque. Le métier de joueur professionnel de tennis requiert une attention, une obsession de tous les instants car le petit grain de sable qui peut enrayer la confiance et peut faire perdre du temps ou même reculer, est partout. Sur le court comme en dehors. À dix-neuf ans et demi, je pensais avoir enfin compris où il se situait les jours de match, mais pas encore dans la vie hors compétition.

Piquée d'ennui

Je me relançais quelques mois plus tard dans l'enchaînement des tournois. Je m'envolai pour Edimbourg. Je remportai trois matchs et me retrouvai qualifiée pour les demi-finales pour la première fois depuis la Guadeloupe. Affalée sur un canapé dans le salon des joueurs, communément appelé *players lounge*, où les joueurs passent leurs temps morts entre les entraînements ou bien attendent avant leurs matchs, je m'impatientais de la longueur du match qui précédait le mien. C'était un de ces matchs au scénario à rebondissements. J'avais déjà été m'échauffer deux fois avant de retourner m'asseoir car aucune des deux joueuses ne parvenait à conclure la partie. Piquée d'ennui, je me levai pour examiner ce que les tables disposées dans le coin de la pièce offraient pour les joueurs. Je choisis ce moment pour porter mon intérêt au café, boisson dans laquelle je n'avais trempé mes lèvres qu'une seule fois dans ma vie, dix ans auparavant. Je l'avais depuis rangée dans la catégorie « je déteste », sans jamais lui redonner une chance. Après tout, je commençais à me ramollir de cette longue attente, et j'en connaissais la propriété principale : celle de donner un coup de fouet à qui la boirait. J'attrapai un des gobelets géants et le remplis de café. J'y ajoutai une dose importante de sucre pour augmenter mes chances d'exciter mes papilles gustatives.

L'astuce fonctionna : je ne pus apprécier que le caractère sucré du breuvage, saveur que mon organisme n'aurait de tout temps jamais rejetée. Satisfaite de ma nouvelle trouvaille temporaire, j'avalai le demi-litre que je m'étais versé.

Lorsqu'enfin je fus sur le court pour commencer mon match, je me trouvais piquée d'une énergie physique et mentale inhabituelle, au point d'en avoir les mains légèrement tremblantes. Moi qui avais la fâcheuse tendance à passer un peu trop de temps à observer mon adversaire pendant les premiers jeux du match, fus immédiatement en action, chargée d'une énergie remarquable, intense et déterminée. Mon jeu de jambes était vif et bondissant, comme si le score eût été immédiatement 3/3 au troisième set. Je remportai la première manche 6/0, me félicitant des bienfaits de ma nouvelle trouvaille. Vingt minutes plus tard, alors que le score n'était que de 2/2 au deuxième set, mes jambes commencèrent à se dérober sous moi, mes bras à se ramollir considérablement, jusqu'à perdre toute réactivité nécessaire pour rester dans le combat. Très vite, ma vision se troubla à son tour. Au changement de côté, je fis appel au physiothérapeute du tournoi qui ne tarda pas à me rejoindre sur le banc. Ce dernier me fournit des barres énergétiques à avaler sur-le-champ afin de m'éviter de tomber dans les pommes. Je terminai péniblement le match dont je n'ai pas besoin de préciser l'issue.

On m'expliqua par la suite que mon savant mélange avait créé un pic glycémique, logiquement suivi de la chute qui lui était associée, d'où l'hypoglycémie survenue au bout de quarante-cinq minutes. Je rangeai à nouveau le café dans sa case « je déteste » et me jurai de garder mes expérimentations futures pour des jours sans match de tennis.

*

Le printemps touchait à sa fin. Au terme de ces deux années de voyages incessants, à raison de presque trente semaines de tournois par an, je dus retourner à la faculté pour passer mes derniers partiels. Mon assiduité tennistique s'était développée de pair avec une paresse croissante pour les études. Les quinze livres à lire annuellement pour la faculté n'avaient jamais quitté le stade de leur inscription sur la liste rédigée le jour de la rentrée, lorsqu'on est encore plein de bonne volonté, lorsqu'on se ment en se disant que cette année, on fera mieux les choses.

Je goûtais à une adrénaline de nature différente, celle de débarquer à des examens de dissertations sur des livres que je n'avais pas lus. Ces sauts réguliers dans le vide pendant trois semaines ne créèrent qu'un stress raisonnable chez moi. Après les péripéties que j'avais vécues quotidiennement dans mon nouveau mode de vie, je me sentais désormais immunisée. Je me plaisais même quelque part à me mettre ainsi en danger, m'obligeant à puiser dans mes ressources pour m'extirper de ces situations inconfortables que je considérais comme de nouveaux défis.

Un jour cependant, je fus véritablement à court de solutions et vis flotter devant moi pour la première fois le moment fatidique où je devrais rendre une copie blanche à un professeur. Mon ventre se noua. Jamais je n'aurais cru en arriver là. Tout de même, je devais bien trouver un moyen quelconque de rédiger quelque chose ! Chaque mot qui composait le sujet inspirait chez moi le même néant qu'aurait provoqué une consigne en calligraphie chinoise. « Décrivez le maître dans *The master of Ballantrae*. » On attendait de moi entre quatre et six pages de rédaction à ce propos. Je grimaçai. Je décidai alors de me lancer dans un récit fiévreux complètement étranger au thème : que me restait-il d'autre pour soudoyer quelques points au professeur ? Après tout, je n'avais véritablement rien à perdre, au point où j'en étais. Je lui racontai ma vie tennistique et le parcours qui m'avaient malencontreusement menée à être assise à cette table dans une ignorance totale du sujet. Le gentil professeur qui corrigea ma copie jugea visiblement qu'il serait dommage de laisser le Maître de Robert Louis Stevenson me priver de jouer un tournoi de tennis un mois plus tard pendant la session de rattrapage. Il m'octroya huit points sur vingt pour cette intense plaidoirie.

Non sans éprouver une immense gratitude envers mon sauveur inconnu, j'obtins miraculeusement ma licence de LLCE anglais (Langues, Littérature, Civilisation Étrangère) peu avant mon vingtième anniversaire. HEC me tendait les bras. Mais ma tête avait un tout autre plan en ligne de mire. Cette fois-ci, sans hésitation.

Deux semaines plus tard, je remportai mon deuxième tournoi ITF et dépassai enfin au classement WTA les Camille et les Sarah de mes repères statistiques français. J'avais rattrapé mon retard. C'était enfin l'heure. Je me sentais maintenant légitime de signaler mon existence à la Fédération Française de Tennis. Je toquai à leur porte pour intégrer leur structure d'entraînement.

Montagnes russes

On valida ma candidature. En septembre, ce fut la rentrée des classes. Mais cette fois, dans un établissement sportif, le Centre national d'entraînement à Roland-Garros. On m'accueillit dans un groupe avec trois autres filles, et deux entraîneurs. Les autres joueuses dormaient en internat dans les chambres du bâtiment. Je n'habitais pas loin, je restais chez moi.

On me fournit un emploi du temps. Les matières variaient entre tennis, cardio, musculation, yoga, sophrologie, boxe, étirements, séances de kinésithérapie. Il y avait le bureau de la directrice – la Responsable du Haut niveau féminin. Il y avait les autres classes – d'autres groupes de joueurs et joueuses avec d'autres coachs de la Fédération, sur les courts d'à côté et dans la salle de musculation. Il y avait aussi les joueurs français du haut de l'affiche qui venaient s'entraîner avec leurs coachs personnels. Il y avait dans l'entrée à l'accueil deux employées qui avaient systématiquement le nez rivé sur leurs ordinateurs et devant lesquelles je me figeais chaque matin en franchissant les portes, ne sachant s'il fallait les déranger dans leur travail pour les saluer. Mon inconfort se poursuivait lorsque je croisais des dirigeants dans les couloirs, lorsque j'entrais dans la salle de gym et ne savais s'il fallait interrompre untel qui faisait ses tractions pour lui dire bonjour. J'étais propulsée dans un nouveau monde dont je n'avais pas les codes, et dont les personnes avaient toutes l'air de se connaître depuis des décennies. Chaque situation amenait mille incertitudes en moi. Tout le monde avait l'air de se regarder, voire se juger. J'observais.

Au sein de mon groupe, c'était plus facile. Nous étions toutes les quatre nouvelles dans cet établissement, nous étions donc sur un pied d'égalité. Nous nous liâmes facilement d'amitié. Je finissais les journées épuisée par ce rythme nouveau. Mon corps était terrassé par cette intensité qui m'était jusqu'alors inconnue. Je ne rentrais chez moi le soir que pour avoir la force de dîner et aller me coucher, et repartais le lendemain matin pour ce qui s'apparentait pour la première fois à une journée de travail. J'aimais ce nouveau travail. Jamais ne m'y rendis-je sans me sentir poussée par l'envie et la passion pour ce sport.

Ce que je n'aimais pas, c'était retrouver un cadre dont je questionnais parfois le bien-fondé de certaines règles. Très vite, j'eus le sentiment d'être renvoyée à mes années d'enfance, lorsque l'on m'interdisait d'écrire 3×5 au lieu de 5+5+5. Mon questionnement de l'autorité absolue m'attira des ennuis. Je passais d'une trop grande liberté à une scolarisation tennistique radicale, à laquelle je peinais à m'adapter.

On ne se souciait pas de savoir si j'arrivais sur le court échauffée et prête à m'entraîner, on se souciait de savoir si j'avais coché chaque case de la feuille d'échauffement imposé. Six minutes de vélo à l'endroit, six minutes de vélo à l'envers, un aller-retour les bras levés sur la pointe des pieds, un autre sur les talons… Un jour, je me risquai à varier les plaisirs et optai de m'échauffer avant l'entraînement de tennis en faisant des tours de terrains, comme je le faisais par le passé. On me renvoya chez moi pour la journée.

Je fis la rencontre de Martina Hingis, qui se proposa régulièrement d'être ma partenaire d'entraînement. Je saisis sans hésiter l'opportunité unique d'échanger avec cette ancienne championne aux multiples records. Cette vision ne fut pas partagée : les dirigeants me reprochèrent de déroger au cadre imposé. Si je comprenais leur point de vue, je ne pouvais m'en empêcher. Ma curiosité pour cette légende du tennis l'emportait sur le désir de leur plaire.

De nouveaux responsables furent placés, les groupes furent remaniés, je changeai de groupe. Je fus triste d'être séparée d'un coach auquel je m'étais liée d'affection. Subissant les changements organisationnels, je fus confiée en cinq mois à quatre coachs différents.

Les Camille et les Sarah arrêtèrent le tennis professionnel, arrivées au terme de leur capacité de résilience imposée par ce sport à échec hebdomadaire. D'autres qui étaient jusqu'alors restées dans l'ombre prirent leur place.

Je goûtai pour la première fois au plaisir d'avoir un coach à mes côtés pour m'encourager pendant les matchs, et les analyser ensuite. La capacité de résilience requise n'en restait pas moins immense. L'appartenance à une structure engendrait d'autres challenges que je n'avais pas soupçonnés. Chaque semaine, le regard porté sur nous au retour dans notre centre d'entraînement parisien semblait varier selon la valeur des derniers résultats obtenus. Le regard des autres entraîneurs, le regard des dirigeants, celui des autres joueurs. Si l'une d'entre nous avait mal performé, elle avait le plus souvent le sentiment de devoir raser les murs. Si l'on revenait d'une tournée remplie de victoires, l'accueil était vécu comme une fête. Tout le monde semblait connaître les résultats de chacun. Quand bien même ne fut-ce pas le cas, la question était posée au premier contact : « Alors, qu'as-tu fait à ton tournoi de la semaine dernière ? ». C'était comme si notre identité devenait ces résultats tout juste obtenus : notre valeur humaine oscillait sans cesse, selon le nombre de points tout juste engrangés, selon le classement un jour donné.

Être confronté à un résultat blanc ou noir chaque semaine conduit inévitablement à faire trembler sans cesse l'estime de soi. Après une défaite, il est très difficile de tirer quelque chose que l'on pourra garder en soi, de tirer un quelconque sentiment du travail accompli. Très vite, la voix du diable susurre à l'oreille : « Des heures de travail fournies, des milliers d'euros investis, et pour quoi ? Pour rien. » Il n'y a pas la notion d'une performance réalisée. Jamais n'entendis-je joueur de tennis dire après une défaite : « J'ai perdu, mais quel bonheur et satisfaction d'avoir frappé si bien mes coups droits ! Je suis heureux d'avoir vécu ce moment de performance et c'est ce que je garderai en moi d'aujourd'hui. ».

À la suite de défaites au score très serré, après avoir bataillé si fort et si longtemps, après avoir touché de si près à la victoire avant de la voir s'envoler, le sentiment pouvait aller jusqu'à « Je ne veux plus jamais jouer au tennis », ou bien même « Je ne mérite pas de vivre ».

Mais la joie des victoires, malgré leur caractère éphémère, était si puissante qu'elle pouvait effacer instantanément tous les maux des semaines précédentes. L'ange ne tardait jamais à murmurer à son tour : « Tu m'aimes et tu ne peux pas vivre sans moi. Je te fais vivre ce que tu ne vivrais nulle part ailleurs. Nous sommes un. »

Les montagnes russes émotionnelles, ça me connaissait. Je plongeais dans ce manège incessant avec toute la force de mes tripes.

Une confiance absolue

Au mois de janvier, je participai à Paris à mon premier tournoi WTA, c'est-à-dire sur le plus grand circuit, au-dessus des ITF. Je disputai mon deuxième tour un dimanche après-midi sur un court central bien rempli. Ce fut ma première expérience avec un vrai public, français de surcroît. L'effervescence qui emplissait la salle transperça les pores de mon système nerveux. J'avais l'impression d'avoir quinze coachs au bord du court. J'avais l'impression d'une loupe posée sur moi dans laquelle chaque personne assise plongeait son œil. J'avais l'impression d'un stéthoscope enregistrant les battements de mon cœur, que chaque personne assise enfonçait dans ses oreilles. J'entendais les commentaires prononcés par chaque personne du public qui se trouvait dans un rayon de dix mètres de moi, et vivais une lutte interne pour ne pas intégrer leurs paroles. Mais par-dessus tout, mon excitation était à son comble. Un peu trop peut-être. J'adorais. Il me fallut dépenser une énergie considérable pour filtrer toute cette agitation autour de moi. J'en ressortis épuisée, mais ne demandais qu'à recommencer.

Très vite, je m'impatientai de rejouer un tournoi de cette catégorie. Quatre mois plus tard, l'occasion se présenta au tournoi de Rabat. J'y étais inscrite et mon classement me permettait de le jouer. Mais Rabat ne figurait pas dans le calendrier qui avait été établi à l'avance pour le groupe fédéral. J'étais la seule du groupe à pouvoir y accéder. J'insistai. On m'informa que si j'y allais, je serais virée.

Je me ravisai et acceptai de rejoindre, sur un plus petit tournoi en Suisse, un nouveau coach prénommé Christophe, auquel on me rattacha pour la semaine. J'appréciais beaucoup Christophe et n'hésitai pas à me confier à lui, tant sur mon tennis que mon état mental. La semaine suivante, à la suite du conflit lié au tournoi de Rabat, on s'accorda à ce que je parte jouer seule le prochain tournoi près de Toulouse. Le tirage au sort m'opposa à une autre joueuse française, elle-même coachée par Christophe cette semaine-là. Je lui avais déversé les méandres de mon âme une semaine plus tôt, et le voilà qui était assis au bord du court pour supporter la joueuse contre moi. Mon mal-être était à son comble. Je me sentais définitivement incompatible au fonctionnement de cette institution. Je me résignai à les quitter.

Assise sur les marches des escaliers au fond de mon club, je téléphonai à la responsable du Haut niveau féminin. Une discussion houleuse s'ensuivit. Je raccrochai, la respiration coupée, assaillie par les émotions. Vivant la situation telle une rupture amoureuse, je me mis à sangloter sans relâche. Si bien que je n'entendis pas les pas d'un homme qui passait par là, dont mes pleurs avaient attiré l'attention. Je relevai des yeux embués de larmes et vis Pierre Glorieux. Il s'agissait de l'un des plus grands entraîneurs français, qui avait travaillé avec beaucoup des meilleurs joueurs français. Il s'approcha de moi. Mon chagrin, mon désespoir et la volonté sans faille qu'il y put lire l'attendrirent.

— Pourquoi tu pleures ?

— Je viens de me séparer de la Fédération et je ne vais pas pouvoir jouer Roland-Garros dans deux semaines.

— J'ai une bonne nouvelle pour toi, Roland-Garros aura lieu aussi l'année prochaine et il y a d'autres tournois d'ici là.

— Oui mais je n'ai nulle part où m'entraîner, je suis à la rue.

— Je vais t'entraîner.

— Je n'ai pas l'argent pour payer ton salaire.

— Tu ne payeras pas. Mais promets-moi une chose.

— Oui ?

— À partir de maintenant, tu n'es plus française, tu es bolivienne. Tu ne pourras compter sur rien d'autre que tes résultats, seules toi et ta raquette t'emmèneront là où tu le souhaites.

Il me prit sous son aile. Nous nous mîmes immédiatement au travail. Portée par une énergie nouvelle, je découvris la sérénité d'aller m'entraîner dans un cadre simple, personnalisé et stable. Je buvais ses paroles. Jamais n'avais-je autant aimé aller sur le court de tennis avec quelqu'un. Très vite, j'eus une confiance absolue en lui. M'eût-il ordonné de jouer de la main gauche sur une jambe avec les yeux bandés, je me serais exécutée.

Je repartis seule en tournois. Avant chaque match, Pierre me téléphonait pour opérer sa magie verbale. Je lui accordais consciemment une place digne de celle d'un gourou. Chaque coup droit et chaque revers frappés étaient portés par une communion télépathique que j'entretenais avec lui dans mon imaginaire, tu n'es pas là mais tu es là avec moi, je fais exactement ce que tu me dis et ça marche, ah si tu me voyais, j'ai hâte de te raconter, comme ce que tu m'as dit de faire a fonctionné, les embûches que j'ai rencontrées, celles que j'ai surmontées. Je cours et je me bats, ce match je vais le gagner pour toi, et j'espère que tu seras fier de moi. Je sortais du court et me précipitais sur mon téléphone. Mon engagement était tout entier, qui ne tarda pas à porter ses fruits. Je gravis cent places en trois semaines, m'offrant ainsi la chance de participer à mon premier Grand Chelem un mois plus tard.

US Open. Découverte de New York dans sa moiteur du mois d'août. Les Grands Chelems, c'est tout en plus. Un stade plus grand, une ville plus grande, plus de monde dans les allées, plus de courts, plus de gradins, plus de joueurs, plus d'hôtels dans lesquels ils sont répartis, plus de navettes pour assurer les transports, plus d'argent à gagner, plus de points à marquer, plus de services aux joueurs, plus d'excitation, plus d'attention. Et inévitablement, plus de stress. C'est l'effervescence, les seuls moments de l'année où tout le monde est réuni au même endroit. Il n'y a plus de stratégie personnelle de programmation : tout le monde participe au même évènement. Près de cinq cents joueurs, leur staff, les agents, les médias, et toute personne dont le métier aurait un lien avec le tennis professionnel. Un minimum de cinq langues différentes perçues si on tendait l'oreille depuis son fauteuil dans le *players lounge*. Je m'émerveillais de tant de grandeur.

Assises sur les bancs du vestiaire ou bien rangeant leurs affaires dans le casier à côté du mien, je voyais les joueuses que j'avais auparavant admirées à la télévision comme si elles avaient appartenu à un monde parallèle. J'étais enfin dans le berceau où tout se passe, j'étais la petite souris qui se glisse dans l'antre de ce qui se fait au plus haut de ce monde tennistique, que j'avais guetté avec des yeux curieux depuis quelques années. Je pris goût à cette nouvelle dimension de mon sport et y naviguais comme un poisson dans l'eau.

Le jour fatidique de la défaite, je compris la place du « plus » dans ce domaine également. Gagner m'obsédait tant qu'il me sembla que le rongeur qui dévorait mes organes ventraux ce soir-là était plus affamé que jamais.

Au bout de six mois, la magie à distance s'essouffla. La tristesse d'être seule pendant les matchs ne tarda pas à refaire surface, me renvoyant à ma fragilité habituelle. Pierre, qui était dans l'impossibilité de voyager, me poussa à trouver une autre structure qui me permettrait d'être accompagnée pendant les voyages. J'étais maintenant 200e mondiale, c'était pour lui mon seul moyen de franchir la marche suivante : la symbolique étape des cent premières mondiales.

Martina Hingis, qui entre-temps était partie travailler à l'académie de Thomas Ericsson, me conseilla de l'y rejoindre. Je pris contact avec lui. J'ignore s'il voulut jauger ainsi mon degré de détermination, mais il me donna rendez-vous le jour de Noël à huit heures du matin. Sans me sentir totalement légitime, mais tout de même plus armée que le jour où ma mère m'avait suggéré de m'adresser à lui, j'entrai dans son club. Il s'agissait pour moi d'une découverte excitante de plus du fait de son caractère mythique dans le monde du tennis. D'immenses photos en noir et blanc ornaient les murs, exposant les joueurs de l'académie en action, brandissant le poing ou des trophées, ou bien lors d'un moment de doute sur le banc. J'étais bel et bien dans un sanctuaire du tennis mondial. Il me reçut dans son bureau. Je fus surprise de tant de bonté et d'intérêt à mon égard. Thomas m'apparut comme simplement avide de connaître une nouvelle personne que son fabuleux destin lui présentait sur son passage, curieux de moi comme il l'eût été avec n'importe qui d'autre. Je sentis qu'il cherchait à me lire et me cerner très vite en profondeur et dans ma globalité. Je lui racontai mon arrivée tardive et récente dans ce milieu. Il ne me rappelait en rien les dirigeants que j'avais pu rencontrer à la fédération, dont la tendance était de prendre un stylo et un papier afin d'y annoter en haut à gauche une année de naissance et un nombre, le classement de la semaine, avant de commencer un entretien. La passion et la curiosité qui animaient cet homme pour tout ce qui touchait au sport du tennis, et moi compris ce jour-là, étaient sans égales. Si bien que je ne tardai pas à lui dévoiler mes doutes quant à ma compatibilité pour ce sport à la charge mentale si intense.

— Tout le monde me dit que j'ai du talent mais que je dois avoir un problème dans ma tête. On m'a conseillé de travailler avec un psychologue du tennis.

— Je ne crois pas aux psychologues. Tu n'as aucun problème, affirma-t-il avec une certitude dont je me demandais d'où elle pouvait provenir, trente minutes à peine après notre premier contact. Es-tu disponible pour jouer demain matin ?

— Je joue en tournoi à dix heures du matin.

— Alors rejoins-moi à huit heures du matin.

Le lendemain sur le court, il me mit parfaitement à l'aise. Son plaisir du jeu était contagieux et décuplait le mien.

— Tu as effectivement du talent. Mais le talent est un leurre. Il mène à penser qu'il peut se passer de travail, or aucun talent n'est exploité sans travail.

— Je travaillerai.

Il saisit ma volonté de prendre en charge mes entraînements moi-même et donc la nécessité de gérer mon budget, acquis par mes quelques activités extra-tennistiques et les *prize money* dérisoires d'une joueuse autour de la 200e place mondiale. Il me proposa un prix raisonnable pour chaque semaine passée à l'académie. Lorsque je partirais en tournois, le prix serait cependant multiplié par trois si je faisais appel à un accompagnement. Je savais que je ne pourrais jamais assumer les déplacements à ce prix mais mon attirance pour ce nouvel environnement me poussa à m'y lancer sans trop réfléchir, reportant le problème initial à plus tard. Je rejoignis leur équipe.

Des matchs tu gagneras

Si on pouvait parler à nouveau de rentrée scolaire, c'était cette fois pour moi en cours d'année, au lycée international. Il y avait des joueurs et joueuses de toutes nationalités, et la langue qui y régnait sur et hors du court était l'anglais. Tous avaient déplacé leur vie pour venir vivre en ce lieu, parfois accompagnés de leurs parents. Ils étaient installés dans des petits chalets de bois construits sur la colline qui dominait les courts de tennis, au beau milieu de cette campagne située à trente kilomètres de Paris. La seule distraction à proximité de cet espace était un centre commercial, accessible à dix minutes en voiture. Très peu d'entre eux étant équipés d'un moyen de locomotion, leur vie hors des tournois se résumait à évoluer dans ce périmètre restreint : dormir dans les chalets, prendre leurs trois repas dans le restaurant du club, travailler leur condition physique dans la salle de gym, et jouer sur les courts de tennis en bas des escaliers. Un kinésithérapeute était également présent sur place dans une salle pour assurer les soins de récupération des joueurs chaque soir. Je me joignais à ces routines quotidiennes mais étais la seule à prendre la route le soir pour rentrer vers un véritable chez moi, m'acquittant du petit déjeuner et du dîner sur place.

On ressentait que chacun et chacune était animé par son projet personnel et n'était pas le moins du monde préoccupé par ce qui se passait chez le voisin. L'individualisme était tel qu'aucune énergie ne semblait gaspillée pour porter un jugement sur les actions des autres. Et à la fois, par une curieuse contradiction, le nombre relativement minime de joueurs ainsi que la bienveillance réelle du staff envers nous donnaient une impression d'appartenance à une famille.

Un coach s'occupait de deux joueurs, mais sans aucun effet de groupe cette fois, car toujours entraînés séparément, l'un après l'autre, respectant le principe du coaching privé. On m'attribua le coach qui entraînait une jeune joueuse russe de dix-huit ans, récente numéro 1 mondiale junior, c'est-à-dire chez les moins de dix-huit ans, à seize ans à peine. Elle était loin d'être la seule à avoir à son actif ce genre de titre, aucune hiérarchisation ne lui donnait spécialement un statut supérieur. Ni à elle ni à d'autres particulièrement. Je fus surprise d'être traitée comme son égale, sentiment que je n'avais généralement pas eu au sein d'établissements français.

Pourquoi était-ce si différent de l'ambiance française ? Chacun à des âges différents et venant de pays différents, la concurrence était amoindrie. Une autre raison qui me venait à l'esprit était que l'ambition de ces personnes était telle qu'ils ne se satisfaisaient jamais d'une certaine position ou d'un certain succès atteint. Aucune raison par conséquent d'en tirer la moindre vanité. Ce genre de réussite n'était qu'une étape logique de leur construction. Le staff également ne les traitait qu'à titre humain et non selon leur degré de succès, poussant simplement chacun à réaliser le meilleur de soi-même. Et leurs parents étaient là pour leur rappeler en permanence la raison de leur présence en ce lieu : la liste de tout ce qu'il leur restait à accomplir.

Voir les joueuses d'Europe de l'Est évoluer en tournoi était une chose, les découvrir dans les coulisses de leur quotidien, le plus souvent avec leur père, en était une autre.

Des matchs tu gagneras.

Des tournois tu remporteras.

La famille tu nourriras.

L'échelle du classement tu graviras.

Si tu parviens à atteindre le sommet le temps d'une semaine, nous continuerons d'exercer sur toi une pression pour que tu y restes la semaine suivante et encore celle d'après.

Des garçons tu ne te laisseras pas distraire.

Si l'envie te prenait de te plaindre, je te rappellerais que j'ai sacrifié ma vie pour toi, arrêté mon métier, séparé géographiquement notre famille en quittant toi et moi le pays natal pour t'offrir l'opportunité de devenir la meilleure joueuse de tennis possible, et que je ne vois ta mère qu'une fois par mois par dévotion pour toi et ton tennis.

À ton poids de forme tu resteras, et si par malheur l'envie te prenait de compenser tout ce stress dans la nourriture, nous te ferons faire du cardio à jeun tous les matins jusqu'à ce que tu le retrouves.

Tes entraînements j'interromprai sans cesse pour te reprendre à la moindre de tes fautes.

Satisfaite de ton succès tu ne devras jamais être, car je serai toujours là pour te rappeler ce que d'autres ont réussi à accomplir de mieux avant toi et qu'il n'y a aucune raison valable pour que tu n'y parviennes pas non plus.

À n'importe quel moment de la journée ou même de la nuit, même si nous ne sommes pas sur le court, je te harcèlerai d'idées tennistiques qui me traverseront l'esprit à ton sujet, afin que tu ne perdes jamais de vue ton seul et unique objectif de vie.

Dès que sur le court tu seras, tu effaceras toute forme de copinage envers la personne de l'autre côté du filet, car ton seul devoir sera alors de la battre.

Ces préceptes n'allaient cependant pas à l'encontre d'une grande sympathie hors du court. J'appréciais évoluer à leurs côtés. Je voulais moi aussi progresser, je trouvais leur professionnalisme très inspirant et essayais de me modeler du mieux possible à leur discipline, m'enrichir de leur fonctionnement.

Mais malgré toute ma bonne volonté, je ne pouvais m'empêcher de consterner par moments le staff de l'académie par ma novicité. Au bout d'un mois, on m'emmena voir le nutritionniste pour s'enquérir de la raison pour laquelle les séances de musculation auxquelles on m'astreignait quotidiennement ne produisaient pas l'effet escompté.

— Décris-moi ton dîner type.

— Tomates mozzarella.

— Et ensuite ?

— Clémentines et yaourt nature.

— Tu as déjà entendu parler du rôle des protéines ?

— Euh oui… enfin je crois.

— Je vois. Bon, assieds-toi.

Même pendant des exercices lors desquels j'aurais pu me croire à l'abri, je trouvais le moyen malgré moi de faire remarquer ma maladresse et d'alarmer les entraîneurs. Le jour des tests physiques, je m'écroulai du vélo après cinq minutes d'intervalles cardio à peine, victime d'une crampe au mollet. On m'informa de ma mauvaise technique de pédalage.

— Tu ne pédales pas rond.

Modifier la forme géométrique du circuit de pédalage d'un vélo, ce n'était pas donné à tout le monde. Je ne tarderais pas à mériter moi aussi ma photo géante en noir et blanc dans le hall d'entrée à ce train-là.

J'essayais de me faire la plus discrète possible, lorsque je le pouvais. Un stage hivernal de préparation pour les joueurs de l'académie fut organisé à l'Île Maurice. Thomas me proposa à la dernière minute de m'y joindre, j'acceptai. Mais je décidai de ne pas importuner mes entraîneurs en leur évoquant mon changement de programme. Mon entraîneur physique, qui prendrait part au stage, débarqua furieux un matin alors que je m'échauffais sur le vélo quelques jours avant le départ.

— Je viens d'apprendre que tu viens à l'Île Maurice ! Mais enfin, pourquoi tu ne me l'as pas dit ?

— Je n'ai pas osé.

— Tu sais qu'on travaille ensemble ? J'ai tout de même besoin de savoir ces choses-là pour pouvoir te préparer pour ta saison !

— Ah… Oui, pardon.

Thomas, malgré sa présence rare à l'académie, ne tarda pas à déceler l'intruse de sa troupe. Il me convoqua dans son bureau à plusieurs reprises après le déjeuner. Il eut la délicatesse de n'exprimer aucun jugement à mon égard, mais simplement de partager avec moi les facteurs de réussite qu'il avait pu observer depuis son arrivée dans le milieu, afin de m'y faire réfléchir.

— J'ai pu voir évoluer la génération de ceux qui remportent aujourd'hui les tournois du Grand Chelem lorsqu'ils avaient 13 ou 14 ans, sur des tournois jeunes. Il s'avère que ceux qui ont réussi à percer ne sont pas ceux qui jouaient le mieux au tennis, mais ceux qui avaient la meilleure mentalité. On reprochait à certains un manque de talent, et pourtant on remarquait déjà leur combativité, leur hargne, leur croyance plus fortes que tout le reste. Ce sont ceux-là qui ont percé. Au fond, ce talent de force mentale est une autre forme de talent, qui est pour la réussite dans ce sport presque plus important que celui d'être doué avec une raquette à la naissance. Ce qui porte les champions là-haut, c'est leur mentalité. C'est l'obsession. Ils sont obsédés à chaque instant de leur vie. Quand un champion marche sur la plage en vacances, il va faire attention à chaque pas où il pose son pied. Il sait que s'il marche sur un bout de verre, ça peut lui coûter sa saison.

J'étais tout ouïe. Oui, je voulais devenir comme ça moi aussi. Je ferais tout pour. Je m'en sentais capable.

Je ne lui évoquai pas, mais je repensai à ce jour quatre ans auparavant, où ma mère avait essayé de me pousser à tenter ma chance dans cette académie. Cet homme se fichait éperdument des statistiques qui m'avaient obsédée et avaient ancré en moi un blocage. J'aurais pu être ici depuis l'obtention de mon bac six ans plus tôt. Quel dommage !

Peu importe, il fallait regarder devant et non se lamenter du passé. Chaque jour, j'investissais tout mon acharnement à l'entraînement, essayant d'être la plus docile possible. J'écoutais, j'exécutais sans broncher. Je partais en tournois, seule, m'accrochant toujours à des copines sur place, et mes résultats étaient médiocres. Pour la première fois depuis que j'avais commencé les voyages sur le circuit, ma courbe de classement n'était plus exponentielle. J'étais malheureuse d'échouer.

L'été approchait, l'été, période durant laquelle j'avais eu de bons résultats l'an précédent. J'étais confrontée pour la première fois au diabolique système du calcul des « points à défendre ». Les points marqués pour son classement n'ont une durée de vie que de douze mois. Si on ne renouvelle pas la même performance que la même semaine de l'année précédente, on voit ses points s'envoler, et son classement chuter. Pour chaque tournoi est attribuée une date quatre ou six semaines plus tôt, date à laquelle les classements des joueurs sont choisis pour établir les listes d'inscription. Deux mois avant le tournoi de l'US Open, j'avais le classement pour le jouer, mais si je ne « défendais pas mes points », je le verrais retomber et sortirais alors de cette liste le jour J. Ces situations liées au système de points sont l'origine d'une anxiété immense chez les joueurs qui n'arrivent pas à s'en détacher.

Pour ma part, maintenant que j'avais goûté à ce tournoi du Grand Chelem, la simple idée de ne pas y retourner me fendait le cœur. Novice dans cette situation de défense des points, je tombais dans le piège à plein nez et m'accablais de pression. J'avais fait l'erreur de calculer les résultats que je « devais obtenir » pour compenser ces points de l'année précédente, donnant lieu à des pensées absurdes telles que « Je dois atteindre minimum les demi-finales au tournoi de Montpellier la semaine prochaine. ». Des pensées pour le moins contre-performantes.

Je te le promets

Allongée dans l'herbe sur la petite colline qui surplombait les courts de l'académie, profitant d'une heure de break entre deux entraînements, je tentais de mettre à distance ces pensées qui pesaient en moi. Je me plaisais à me laisser hypnotiser par le mouvement tourbillonnant du feuillage des arbres, que je jouais à distinguer sur fond de ciel bleu à travers les rayons du soleil, en plissant les yeux. C'est alors que je sentis un individu s'approcher de moi. Je penchai la tête et reconnus un joueur de l'académie. Un de ceux dont on pouvait voir la photo géante suspendue dans le hall. Je ne l'avais croisé que très rarement, probablement car il participait à des tournois bien plus prestigieux que les miens. Il s'assit à côté de moi.

— Qu'est-ce qui ne va pas ?

— Tout va bien.

— Je t'observe depuis tout à l'heure depuis la terrasse du restaurant. Tu es triste à cause du tennis ?

Je le dévisageai, muette. Il soutint mon regard.

— Tu peux me parler, tu sais, reprit-il.

Je redevins silencieuse. Puis, gênée que son regard ne se détache du mien, je balbutiai :

— Je ne vais pas t'embêter avec mes histoires.

— J'ai tout mon temps.

Je ressentis une pureté rare dans ses quelques mots prononcés. À ma grande surprise, je me vis m'ouvrir à lui malgré moi. Contrairement à mes coutumes, je me mis à partager avec lui les doutes que je traversais. Je fus touchée de sa gentillesse et sa bienveillance, sa volonté de me guider et de partager son expérience.

Le lendemain, il me donna rendez-vous pour me prodiguer ses secrets concernant la gestion de sa carrière. Il s'attaqua en tout premier à l'importance de la gestion de l'entourage : ne pas se laisser polluer, ne pas perdre d'énergie à se disperser. Il s'empara d'une dizaine de feuilles blanches et dessina des cercles, les uns autour des autres. Je l'écoutai avec la plus grande attention.

— Là, c'est le noyau du projet : c'est toi. Autour, ce sont les cercles qui représentent ton entourage.

— Pourquoi plusieurs cercles ?

— Parce que tu vas y inscrire les personnes de ton entourage par priorité. En priorité 1, le cercle des personnes proches. Tu peux tout leur confier. Ensuite le cercle de priorité 2, puis 3.

— Je dois inclure qui dans la priorité 3 ?

— Les personnes qui font partie de ta vie mais ne doivent jamais te perturber. Leurs paroles ne peuvent pas te toucher, le temps que tu leur accordes ne peut pas entraver ton objectif tennistique.

J'acquiesçai, m'abreuvant de ses propos avisés, appréciant sa gentillesse, admirant cette assurance qu'il dégageait sur la façon d'aborder ce métier. Il s'attela ensuite à établir avec moi une liste de règles de conduite à laquelle je devrais m'astreindre sans exception. Je devrais surtout m'y raccrocher dans les moments de doute. Je m'emparai de ce trésor et glissai les feuilles dans mon sac de tennis avec le plus grand soin. Je ne sus comment l'en remercier.

— Je peux te couper les cheveux si tu veux ?

Il accepta avec joie. Décidément, sa bonté était sans limite. C'est ainsi que J. s'invita sans en demander la permission dans ma vie tennistique, et donc dans ma vie tout court.

La semaine suivante, je m'envolai pour un nouveau tournoi. Il me téléphona tous les soirs pour s'informer sur la tenue de ma ligne de conduite. J'échouai à renouveler des résultats à la hauteur de ceux que j'avais obtenus l'an précédent : je ne décrochai pas ma place pour l'US Open. Mon mode de vie orpheline de coach en tournois le chagrina, ses appels téléphoniques quotidiens se perpétuèrent pendant près de trois mois. Au terme desquels sa volonté de m'aider se transforma en un sentiment amoureux.

Je le rejetai vivement. Moi qui m'étais évertuée à annihiler le caractère excessivement dramatico-romantique de ma nature depuis mes débuts désastreux dans le domaine amoureux, il était hors de question de retomber dans ce piège. Comme toute personne ayant souffert d'amour, j'avais logiquement construit des murs. Il s'appliqua sans relâche à briser toutes ces barrières pendant des mois.

Viens, attrape ma main, je vais t'ouvrir les portes d'un nouveau monde, où j'édifierai une bulle de protection autour de toi, et je veillerai à ce qu'elle reste toujours intacte. Viens, attrape ma main, je t'emmène avec moi, tu vas aimer je te le promets, on va s'aimer et être heureux, je ne laisserai personne te faire de mal, je ferai toujours tout pour te rendre heureuse, être à tes côtés, fidèle et loyal. Je ne te laisserai jamais tomber. L'énergie qu'il y déployait paraissait inextinguible.

Au bout de six mois, j'attrapai sa main. Il me parut important de symboliser un évènement d'une telle ampleur. Nous échangeâmes des bagues en plastique. Je précisai que je ne m'engageais que pour une durée limitée de trois mois, après lesquels nous devrions discuter une potentielle reconduction. Si j'acceptais de sauter dans le puits, il ne fallait pas que ça s'éternise non plus.

Il s'avéra finalement que ce puits n'était autre que celui du bonheur, dont je ne voulus plus jamais sortir. La relation d'absolu dont j'avais toujours rêvé s'engagea. Amour inconditionnel, amour avec un grand A, partage inconditionnel, osmose infinie, de tous les instants. Amour qui illumine les sens, allège les fardeaux, fait taire les voix superflues, efface tous les doutes, met l'odorat à la merci de l'autre, il est 3 heures du matin chez moi et 9 heures du matin chez toi, mais je n'arrive pas à dormir car je te sais réveillée, je suis à l'entraînement je n'arrive pas en coup droit aujourd'hui, plus que deux jours avant de se retrouver, pourquoi tu n'arrives pas à dormir, tiens sens ma main sur ton ventre et respire lentement, je t'ai laissé une surprise sur l'oreiller avant de partir à l'aéroport, pour quand tu rentreras dans deux jours, j'ai rajouté des chansons pour les échauffements dans notre playlist, c'était comment le revers aujourd'hui, dépêche-toi de trouver une place je n'aime pas être à la maison sans toi, je mange notre plat préféré, j'ai gagné je t'aime, à toi maintenant, oui je veux tant gagner pour être à Wimbledon avec toi, on se retrouve au Brésil, je viendrai ta semaine à Madrid puis toi à Rome avec moi, je te rejoins dès que je finis ce tournoi, accroche-toi encore un peu et j'arrive.

Si la joie des victoires était désormais multipliée par deux, il nous semblait aussi subir le fardeau de deux défaites par semaine. Notre lien était tel que je devais souvent feindre de ne pas être affectée après une défaite, sans quoi je savais que son match à lui n'aurait infailliblement d'autre issue qu'une défaite également.

Au deuxième mois de notre relation, il prit l'avion pour me rejoindre en Californie, et partager un de mes tournois pour la première fois. Il put enfin témoigner de ma situation en tournois de manière réelle. Il en fut révolté. Il m'affirma que s'il avait fait sa carrière dans ces conditions, il n'aurait jamais quitté le stade des tournois français. Il mit tout en œuvre pour y remédier. Il alla remuer Thomas, écrivit une lettre adressée à mon père, et enfin trouva un sponsor pour financer la présence d'un coach à mes côtés pendant mes voyages. Il requit au directeur de l'académie qu'on m'attribue la personne qu'il pensait être la meilleure pour moi.

Un si haut voltage

Nicolas était l'entraîneur de Katya, une autre jeune russe de dix-sept ans, depuis trois années. Également première mondiale junior à un jeune âge, et désormais une des plus jeunes joueuses mondiales figurant parmi le top 100 adulte, elle représentait par excellence le discours que m'avait tenu Thomas sur le rôle de la mentalité. Son attitude sur un court de tennis était plus proche de celle d'un animal enragé que celle d'une jeune femme. Sa hargne légendaire était connue et redoutée de tous sur le circuit. Son père n'était jamais loin d'elle, prêt à interrompre en permanence ses entraînements avec Nicolas, commenter chacune de ses fautes, dans un russe qui agressait l'oreille tel une radio cassée, agrémentant ses discours d'insultes occasionnelles. Je m'ajoutai à ce tandem.

Très vite, il apparut à Nicolas que le domaine dans lequel je devais progresser était celui dans lequel elle excellait. Il m'expliqua que si d'autres arrivaient à produire certains coups tennistiques plus facilement qu'elle, sa volonté sans faille à chaque centième de seconde sur un court de tennis la rendait bien plus forte que si elle avait bénéficié d'une meilleure coordination ou d'un toucher naturel pour les amorties, par exemple.

Je me délectais de la regarder agir sur le court de tennis. Si j'assistais au spectacle d'une humanité pour le moins étrange à mes yeux, je n'en admirais pas moins le tableau d'un tel engagement, d'une telle fougue, splendidement couronnés d'un je-m'en-foutisme royal du regard extérieur.

Il organisa exceptionnellement un entraînement pour nous deux en même temps, afin que je puisse juger par moi-même de ce phénomène. Sa présence mentale dès l'échauffement dans les petits carrés me tint en haleine. Elle investissait en chaque balle frappée, même en simple échange dans l'axe du court, l'intensité d'une balle de match. Au bout de trente minutes de jeu, ma tête réclamait du répit, épuisée d'avoir été tenue à un si haut voltage. Son père veillait de très près à ce que le sien ne faiblisse jamais.

Jour après jour, discussion après discussion, observant Katya à partir de ce qu'il m'expliquait, je finis par saisir le fond de ses propos et en tirer les enseignements pour provoquer un changement en moi. Je compris que convertir ma mentalité et mes croyances, faire sauter mes barrières et limites inconsciemment ancrées par mon éducation et ma vision du monde, seraient bien plus difficiles que de frapper des revers pendant des heures.

Mon obsession dans la réussite de ce sport était devenue telle que j'en vins à envier son schéma familial. « Si seulement mes parents m'avaient poussée depuis toute petite, ou au moins depuis mon bac, avec dureté et sévérité, m'inculquant cette mentalité du devoir de la gagne, annihilant le doute en moi, tout aurait été différent. » Ainsi me formulais-je cette frustration. Oui, j'eusse voulu, moi aussi, avoir reçu des coups ou des injures, l'eût-il fallu. Pourquoi mes parents étaient-ils si fiers de moi pour une simple participation aux qualifications d'un Grand Chelem au tennis ?

J'ignore si Nicolas décela l'extrémisme avec lequel mon

esprit s'obsédait peu à peu. Mais un jour, il fit taire la voix du coach pour laisser parler l'humain :

— Tu sais Alizé, ça fait quatre ans que je suis baigné dans leur vie. Laisse-moi te dire que ça ne vaut pas le coup. Rien ne pourra justifier autant d'injures entre un père et une fille. Peu importe tout ce qu'elle atteindra, ça ne vaut pas le coup.

— Tu ne crois pas que leur relation s'apaisera si elle atteint le sommet ?

— Ça ne sera jamais assez bien, quoiqu'il arrive. Si elle gagne Roland-Garros, elle devra gagner Wimbledon. Et ainsi de suite.

— Alors ils ne sortiront jamais de cet éternel schéma conflictuel tant qu'elle jouera au tennis ?

— Tout à fait.

Le classement s'étend sur un spectre de 1 à 1200, réactualisé tous les lundis à partir des résultats de la semaine dans les tournois du monde entier, de toutes les catégories.

En côtoyant tous les niveaux, je me suis vite rendu compte que ce sport était la représentation par excellence du sentiment de réussite comme très personnel, sans aucune logique applicable. Chacun plaçait sa propre barre personnelle, qui lui apporterait satisfaction. Cette barre elle-même variait pour chacun selon les moments. J'avais été extrêmement heureuse de rentrer dans les 500, et un an plus tard, j'étais déprimée au classement de 280. D'une année sur l'autre, selon mon état émotionnel du moment, s'arrêter en demi-finale d'un 25 000 dollars pouvait être vécu comme un échec cuisant, ou bien atteindre les demi-finales d'un 25 000 dollars pouvait me remplir d'une grande joie. En Grand Chelem par exemple, certains éprouvent une joie torrentielle de chuter au deuxième tour du tableau final après s'être qualifiés, tandis que d'autres se sentent laminés par une défaite en quarts de finale. J'avais une amie 20e mondiale, malheureuse de se sentir en échec, et une autre 350e, légère et heureuse de suivre son chemin dans la progression.

Si j'avais d'abord été enchantée de parvenir à m'immiscer dans le monde professionnel du tennis, j'avais très vite associé moi aussi un nombre à ma représentation personnelle de la réussite : tant que je n'atteindrais pas le nombre 100 mondiale, je ne vaudrais rien.

Nicolas voyagea de façon éparse avec moi sur sept tournois pendant les six mois qu'il restait de la saison. Je goûtais pour la première fois à cette linéarité. Je pouvais construire sereinement dans la durée : écouter ses conseils sur le court à Paris, m'appuyer sur lui pendant mes matchs en tournois, savoir pourquoi j'avais gagné, pourquoi j'avais perdu, retourner au travail immédiatement, sans me laisser abattre par la déception seule d'un résultat blanc ou noir. Quelle fluidité ! Mes résultats s'en ressentirent. La courbe reprit la bonne direction, je gravis 130 places et finis l'année 150e mondiale.

J. repoussa encore quelques montagnes afin que Nicolas puisse voyager à temps plein avec moi pendant la nouvelle saison. Si l'avoir un tournoi sur deux avait donné lieu à ces résultats, l'avoir tout le temps me ferait aller si vite ! C'était certain ! Une tournée en Australie et une tournée au Brésil plus tard, j'étais 135e. Mon nombre adoré, mon nombre convoité, ce nombre auquel j'accordais toute mon obsession, se rapprochait, je pouvais l'apercevoir, si je me mettais sur la pointe des pieds, là, si proche de moi, encore un petit effort et je pourrais le toucher du bout des doigts. Tout ceci n'était que mathématique après tout. J'avais résolu une inconnue de mon équation, celle d'avoir un coach en voyage avec moi, elle ne pourrait pas me résister bien plus longtemps.

La récompense était désormais double : avec ce nouveau classement, je m'offrais à moi-même des tickets d'accès pour vivre mon idylle sur le grand circuit.

Tenue par la main de celui que j'aimais et qui connaissait tout ce monde par cœur, je fus guidée dans mon arrivée sur ces plus grands tournois, ceux qui m'avaient fait rêver depuis quelque temps. Je découvris les Grands Chelems qu'il manquait à mon actif. De ma solitude pesante habituelle, j'eus le sentiment de m'être créé une famille en tournois : ses coachs, mon coach, lui, moi, le soutien était mutuellement démultiplié dans toutes les directions.

Comme transportée dans un nouveau métier, je fus tout d'abord épuisée par l'activité beaucoup plus intense sur ces nouveaux tournois. Toute mon énergie était accaparée par cette agitation et la découverte de ces nouveaux lieux, hôtels, clubs, nouvelles organisations, nouveaux collègues, le tout déplacé chaque semaine dans une grande ville différente. C'était pour moi comme un Grand Chelem, chaque semaine. Les joueurs de ce niveau remportant plus d'argent, ils se déplaçaient tous accompagnés d'un staff, ce qui démultipliait la population au sein du club et lui donnait l'atmosphère d'un petit village où tout le monde se connaissait. J'essayais d'absorber toutes les informations, l'identité des gens, leur façon de se comporter entre eux, le plus rapidement possible pour m'y sentir à l'aise. J'y évoluais armée de mon bouclier amoureux, rassurée et protégée, me ramenant toujours à un état de sérénité.

La plus belle chose que l'on puisse offrir au quotidien à l'être aimé est sa présence, sa bienveillance, sa bonne humeur. Parmi mes croyances, l'amour n'est jamais un dû. Il doit être entretenu, cultivé à chaque instant afin que la joie et l'exaltation qui en découlent restent toujours à leur apogée. Que ça soit avec sa famille, ses amis. En couple, nous vivions à cette enseigne chaque jour, offrant sans répit notre présence à l'autre. Jamais je ne lui connus d'autre dessein que celui de vouloir me rendre heureuse, me poussant à en faire de même. La capacité à aimer avait toujours été la plus belle des qualités humaines à mes yeux. Sa générosité me donnait la place de déployer toute la mienne sans crainte. La force de l'amour que je recevais décuplait la mienne.

Chaque soir avant de dormir, je m'enquérais :

— Tu m'aimeras toujours, pas vrai ? Tu ne m'abandonneras jamais, hein ?

— Oui, je te le promets, répondait-il immanquablement.

Tel un couple vagabond

Voyager à temps plein, vivre cette vie d'aventures avec une personne qu'on a choisie uniquement pour ses compétences de coach tennistique, ne tarda pas à se révéler plus difficile que prévu.

Pour moi, partager son petit déjeuner, son déjeuner, son dîner, prendre l'avion, vivre les complications d'organisation que l'on rencontre lorsqu'on voyage dans un pays étranger chaque semaine, est un quotidien qu'il n'est agréable à vivre qu'avec une complicité qui va au-delà de l'entente tennistique. Ce n'était malheureusement pas le cas. Lorsque les tournois n'étaient pas mixtes, je me sentais privée d'amour. Je souffrais de ces dîners silencieux.

Très vite, il m'apparut que Nicolas, qui n'avait jamais connu ce rythme de voyages à temps plein, s'éteignait peu à peu. Il n'aimait pas cette vie avec moi. Il devait probablement souffrir d'être loin de sa femme et ses enfants. Moi qui investissais tant d'espoir et d'argent dans cette collaboration, commençais à développer un sentiment de rancœur face à ce manque croissant d'entrain. Cette rancœur commença à déteindre sur mon jeu pendant les matchs. Il fut assez bienveillant pour ne pas laisser les dégâts s'éterniser. Notre travail prit naturellement fin un an après nos débuts, au bout de quatre mois de temps plein, à la veille de Roland-Garros.

Pour mon premier Roland-Garros dans le tableau final, je serais seule. Je me retrouvai un dimanche après-midi, succédant à Roger Federer sur le court central face à la numéro une mondiale Serena Williams, sans entraîneur à mes côtés. Ironie du sort, mon confident depuis la fin de ma collaboration avec Nicolas n'avait été autre que Thomas, désormais coach de Serena. Mon entraîneur physique était également celui de Serena. J. était contraint de rester au vestiaire pour préserver son énergie pour son match à venir.

Pendant le match, mes regards cherchant approbation et réconfort furent donc tournés vers le clan de mon adversaire. Mais très vite, je réalisai que pour une fois, je n'avais que très peu besoin de ces regards. La force grandiose de ce supporter géant au visage inconnu suffisait à me soulever et éteindre la réflexion superflue en moi : le public français. Il me susurrait à l'oreille : « Tu n'as pas mes yeux, mais tu as ma voix, tu ne me connais pas mais moi je te vois, je suis partout autour de toi. Fais-moi confiance, fais-toi confiance, je suis avec toi, ensemble nous pouvons nous élever. »

*

Au lendemain de Roland-Garros, je m'envolai seule vers l'Angleterre pour ma première tournée sur gazon. Mon excitation était à son comble. J'allais découvrir un nouveau sport : faire du tennis sur de l'herbe ! Thomas était chargé de me chercher un nouvel entraîneur depuis la fin de ma collaboration avec Nicolas. Il me téléphona la veille de mon premier match :

— J'ai trouvé un nouveau coach pour toi. Il est belge. Il vient de mettre fin à sa collaboration avec la joueuse américaine Lisa Delavy.

— Si tu penses qu'il peut être la bonne personne pour moi, alors je veux bien essayer. Mais je suis à Birmingham, je commence demain.

— Il est déjà sur place. Il l'avait accompagnée pour ce tournoi. Dis-moi quand tu veux commencer et je l'en informe.

Je détachai le combiné de mon oreille le temps d'une seconde, puis, fidèle à mon tempérament fonceur, lui lançai :

— Dis-lui que nous commencerons dès cet après-midi. Préviens-le que j'ai prévu un entraînement à 16 heures, et envoie-moi son numéro de téléphone s'il te plaît.

Si toutes ces expériences nouvelles me remplissaient prodigieusement, il ne fallait pas que je perde de vue ma chasse au nombre chéri. D'autant plus que j'étais maintenant persuadée d'en connaître le secret d'accès : avoir un entraîneur personnel qui voyage avec moi.

Je donnai rendez-vous à l'inconnu devant le court où nous devions jouer. Par un curieux hasard, ma partenaire d'entraînement ce jour n'était autre que Lisa, la joueuse qu'il venait de quitter. Étrange sensation pour moi de savoir que la fille contre qui j'essayais de gagner les points ce jour, sous les conseils de ce nouveau coach, n'était autre que la personne avec laquelle il venait de voyager pendant plusieurs mois. La regardait-il jouer ? Me regardait-il jouer ? Analysait-il si elle appliquait toujours ses conseils de coach ce jour ? Comment pouvait-il vouloir que je gagne les points, alors qu'il venait de partager six mois de vie avec elle ? Je ne connais pas cette surface de gazon, je cherche à en comprendre les mécanismes pour me déplacer dessus, ça va beaucoup plus vite que la terre battue de Roland-Garros, c'est terrible enfin, je ne mets pas une balle dans le terrain, essaye de modifier ton geste de coup droit pour t'adapter, et puis je ne le connais pas cet homme. Alizé, par pitié fais en sorte de gagner un peu plus de points quand même sinon tu vas simplement lui faire regretter d'être passé de cette joueuse à toi. Arrête de regarder tes chaussures, fais semblant d'avoir confiance en toi, fais semblant d'avoir confiance en lui. Respire.

Je passai tout l'été à ses côtés. Birmingham, Londres, Floride, Pennsylvanie, New York City. Semaine après semaine, tel un couple vagabond, nous nous découvrions sur le plan humain et apprécions de plus en plus notre compagnie mutuelle. Assidue, docile, convaincue que cette présence de coach était désormais la clef ultime du succès, j'appliquais toutes ses consignes sans broncher. Je remarquais cependant que certains de ses conseils contredisaient ceux que j'avais reçus de mon coach précédent. Qui croire ? Que croire ? Mes pensées s'accéléraient pour faire des mises en parallèle, tenter de faire disparaître les images survenues du passé, stopper l'avalanche d'analyses qui en découlait. Comment empêcher l'irruption dans ma tête des souvenirs en images de chaque conseil reçu par le passé ? Comment ne pas les mettre en parallèle avec le présent ? Comment faire le tri entre les voix d'il y a un an, un mois, une semaine ? Comment choisir, comment oublier ?

Qu'une incompatibilité tennistique pût survenir ne m'avait même pas traversé l'esprit. Je déchantais : la règle de la présence du coach comme garantie du succès n'était donc qu'une illusion. Ses conseils accentuèrent de plus en plus le doute en moi, mon niveau de jeu se dégradait. Mais je refusais un deuxième échec dans la même année : je ne pouvais qu'en être la seule coupable. Je laissai les dégâts s'étendre sur plusieurs mois, faute d'avoir le courage d'arrêter.

Lorsqu'arriva l'US Open, Thomas et J., connaissant mes difficultés du moment, vinrent assister à mon match en renfort. Désemparée, désormais dénuée de toute confiance sur le court de tennis, je fondis en larmes sur mon banc à la fin du premier set. Leur regard extérieur ne pouvait que le confirmer : j'étais méconnaissable. Je partageai avec Thomas cette culpabilité grandissante dans laquelle je m'enfermais, et qui m'empêchait de mettre un terme à ma collaboration avec le coach belge. Dans la voiture qui nous ramenait à l'hôtel après mon match, il sentit et exécuta ce dont j'avais besoin. Il me regarda droit dans les yeux et me dit avec dureté : « Alizé, tu dois arrêter. » Sa fermeté me donna le courage nécessaire.

Le lendemain, je rassemblai toutes mes forces pour ignorer mon ventre noué et m'atteler à la tâche : donner rendez-vous à l'homme dans le lobby de l'hôtel pour lui dire : « Je ne veux plus de toi sur le court de tennis. Par conséquent, suite à ces trois mois passés à partager tout mon quotidien avec toi, tu sortiras de ma vie. Je ne prendrai plus jamais mon petit déjeuner avec toi. Ce ne seront plus tes yeux que les miens croiseront à chaque instant sur le court de tennis. Je ne partagerai plus mes dîners journaliers avec toi. Et je dois trouver quelqu'un d'autre qui le fera à ta place dès demain. » Quelle inhumanité !

Mon classement rechuta de cent places. Je vis mon 100 s'envoler vers l'horizon et fus contrainte de repartir sur les plus petits tournois.

*

Découragée par cette désillusion et désormais apeurée par les essais de coachs, je décidai de rester seule quelque temps. L'immense mal-être de la solitude en tournoi me rattrapa comme une vieille amie. J'étais toujours aussi triste et incapable de performer sans partage. Je ne respirais que lorsque J. me rejoignait pour me voir et m'aider par la même occasion.

Au terme de presque une année à stagner seule et malheureuse sur le court, à voir mon classement dégringoler, j'éclatai en crise de larmes dans la voiture suite à une défaite de plus.

Sur le chemin pour rentrer à l'hôtel, la vue brouillée de larmes, je me garai sur le côté de la route. J'attrapai mon téléphone, la respiration saccadée et les mains tremblantes. Je fis défiler frénétiquement mes emails. Mon agent m'avait envoyé le CV d'un coach argentin un mois plus tôt. J'enregistrai le numéro de l'inconnu dans mon téléphone et, sans réfléchir à deux fois, lui envoyai un message.

— Bonjour, mon agent m'a donné ton numéro. Je cherche un entraîneur. Tu habites où ?

— Bonjour, j'habite en Argentine, à Buenos Aires. Tu voudrais quelqu'un pour voyager avec toi à partir de quand ?

— Maintenant.

— Je suis disponible.

— Parfait. Envoie-moi une photo de ton passeport, je te réserve un avion pour venir à Paris dès demain.

Une semaine plus tard, je me rendais en Italie avec le dénommé Guillermo. Une nouvelle vie de couple débuta avec cet Argentin que j'avais l'impression d'avoir déniché sur un de ces sites de rencontres pour célibataires. Nouveau binôme de petits déjeuners, déjeuners, dîners. Nouveau binôme de vie en chambres d'hôtels adjacentes, d'entraînements, transports, et toutes autres péripéties de vie quotidienne se présentant sur notre passage. Je me laissai surprendre par une entente assez naturelle sur tous les plans. Tentant d'effacer au mieux la méfiance désormais ancrée en moi, je me laissai porter par son énergie.

Premier tournoi, première victoire : je remportai le tournoi, dont j'aurais probablement échoué au premier tour si j'avais été seule. Ainsi, je soulevai mon premier trophée dans un tournoi de cette catégorie, sous les yeux de cet inconnu à qui j'en attribuais le mérite. Quelle étrange contradiction !

La réussite se prolongea pendant les semaines qui suivirent.

Je remontai de cent places en un mois, et me rapprochai à nouveau de mon 100 tant convoité. Je me félicitai de cette bonne pioche et retrouvai le sourire.

Ces hauts et bas de classements ne tiennent qu'à un fil. La stabilité de l'entourage joue un rôle essentiel et peut faire basculer la balance du bon côté en un clin d'œil. De même qu'une déstabilisation à n'importe quel niveau peut faire couler une saison tout aussi vite. C'est également cette possibilité de tout renverser si rapidement qui rend le tennis professionnel si addictif. Il y a des tournois chaque semaine. En un tournoi remporté, un bond au classement est assuré. Même après une suite d'échecs répétés, chacun se dit : « Et si c'était moi la semaine prochaine ? ». Tant qu'il y a assez d'argent pour voyager, il y a de l'espoir. Et d'espoir, j'étais à nouveau pleinement remplie.

Je t'ai menti

Tu as voulu retrouver le tennis, je te reprends l'amour, sembla me souffler l'Univers. Le problème lorsqu'on ne se dispute jamais, est qu'on n'apprend pas à connaître et gérer l'autre dans le conflit. Au premier séisme, la bulle explosa. Il faut que je te dise, je t'ai menti, oui je t'abandonnerai, et ce jour-là est arrivé sans crier gare, comme la foudre qui s'abat, faisant trembler ta terre tout entière, car j'ai oublié de te prévenir que si la flamme dans tes yeux est inextinguible, la mienne pouvait en fait s'éteindre en un souffle, laissant ton odorat et ton besoin éperdu d'enfouir ta tête orphelins à jamais. Aujourd'hui, non seulement tu dois donner ton doudou à la maîtresse, mais tu ne le récupéreras pas à 16 heures, à vrai dire tu ne le récupéreras jamais, parce que le monde est ainsi fait de ses brisures et ses fêlures auxquelles tu n'échapperas pas et que tu devras apprendre à accepter pour survivre, et parce qu'il faut que tu saches aussi que toute personne dont tu deviendras affectivement dépendante pourra s'évaporer du jour au lendemain sans prévenir, et sans que tu puisses y faire quoique ce soit. Et même si tu croiras que remuer le ciel et la terre puisse te rendre toute puissante, et même si tu croiras qu'implorer sa présence avec tes tripes le soir dans ton lit puisse rendre à tes sens ce qu'ils désirent par-dessus tout retrouver, tu réaliseras alors ta douloureuse impuissance et te résigneras à comprendre que l'utopie que tu t'étais si joliment dessinée n'était qu'une illusion, parce qu'après tout peut-être n'était-ce qu'une fiction, parce qu'une histoire d'amour ne peut être vécue qu'avec tout le subjectif de la terre. Et il faudra que tu apprennes à rester debout sur tes deux jambes pour ne pas chanceler sur cette nouvelle terre tremblante, et ne pas te faire emporter par ce tourbillon dont tu connais maintenant l'existence et dont tu sais désormais qu'il pèsera en permanence sur ta tête, prêt à frapper à tout instant, mais si tu parviens à vivre avec cette déchirure, plus rien ne pourra jamais t'atteindre, car le sommet de la douleur tu auras surmonté, celle d'enterrer un être aimé, et les entailles de la vie ne te seront plus qu'effleurement, alors tu pourras espérer que tes prochains deuils ne soient plus qu'une réplique de celui-ci, et qu'ils n'aient plus le pouvoir de t'ébranler ainsi.

Ainsi la vie avait convenu de m'amputer de mon amant, mon pilier, mon protecteur, mon confident, mon meilleur ami, mon coach favori, mon mentor, mon guide, mon tout. En qui pourrais-je désormais trouver la validation de ce que je mange, de ce que je bois, de comment je respire ?

Trois semaines plus tard, New York City, US Open. Premier lieu où nos retrouvailles devaient avoir lieu. Premier tournoi mixte où je devrais apprendre à vivre sans lui.

Un bébé s'essayant à ses premiers pas se fût senti plus en sécurité. Réserver un nouvel hôtel, y recréer ses propres habitudes, aller au club sans lui, calculer mes horaires de transport et d'échauffement sans le consulter, je me félicitais de tant d'autonomie. Chaque repas, chaque entraînement, chaque douche cochés devenaient un accomplissement personnel de la plus haute importance. Telle une naufragée, je m'accrochais à Guillermo comme s'il fut un morceau de bois flottant au milieu de l'océan.

Symboliquement, mes abdos se déchirèrent. Quelle plus belle façon d'extérioriser ses maux que d'en avoir les fibres ventrales rompues lors d'un service en plein match de tennis ?

Suite à un chagrin d'amour, il y a ceux qui souhaitent tout oublier pour ne pas souffrir. Aimer pour désaimer ? Je ne le concevais pas. Faire grandir un sentiment si puissant pour s'efforcer ensuite de le gommer de soi ? Quelle logique y avait-il cela ? Être rendue capable d'aimer si fort me semblait être le plus beau cadeau de la vie. M'en voilà désormais privée, comme la vie serait fade ! Très vite, il me parut essentiel d'enregistrer toute la beauté de ce qu'il m'avait été donné de vivre. Vital, même. Si la mémoire était désormais le seul lieu où ce bonheur avait le droit d'exister, je décidais d'y graver mes intenses souvenirs avec le plus de couleurs et de saveurs possibles.

Et comme je venais d'assimiler cette dure loi de l'humanité selon laquelle tout peut s'envoler du jour au lendemain, je décrétai mettre en œuvre ce mécanisme pour tout instant de bonheur que je vivrais désormais. Tel Albus Dumbledore qui extrait ses pensées à l'aide de sa baguette magique pour les stocker dans son merveilleux récipient de Pensine, j'établissais ma petite étagère de souvenirs de vie. Tout serait toujours là, juste là.

Suite à un chagrin d'amour, il y a ceux qui ont besoin de s'arrêter de vivre pour digérer, et il y a ceux qui ont besoin de s'occuper le plus possible pour combler le vide. J'appartiens à la deuxième catégorie.

J'avais perdu ma connexion amoureuse ? Je redoublai d'intensité dans mes amitiés. J'avais perdu mon armure ? Mes amies formeraient une armée encore plus solide. Je me sentais perdue ? Je décidai de tout mettre en œuvre pour développer mon intelligence émotionnelle. J'analysai chaque parcelle du monde pour ne jamais me sentir démunie. Ressentir trop fort ? Percevoir trop d'informations sensorielles ? Je me commandai d'en user pour décrypter chaque personne en décortiquant le prisme de sa personnalité. Ainsi, je maîtriserais seule à la perfection toutes les situations de la vie. J'étais triste ? Je continuerais d'aller batailler pour décrocher ces victoires tennistiques aux quatre coins du monde qui m'injectaient des shots de bonheur. J'avais de la chance, j'avais maintenant Guillermo à mes côtés pour y parvenir. Je ressentais le deuil ? Je me remuais pour créer de la vie. Vite, se remplir. Le moulin ne s'arrêta plus jamais de tourner. Après une brûlure si vive, tout n'est que beauté. Je redoublais de présence dans chaque moment vécu, j'ouvrais grand mes sens au moindre murmure de la vie et gravais le tout en détail dans ma mémoire. La nuit, je ne dormais plus. Ces moments de pause imposés par le Temps me semblaient d'une longueur intolérable. Ils menaçaient de me voir perdre les commandes. Je m'impatientais que la vie reprenne, que la Terre veuille bien rallumer la lumière. Plus que jamais, je dévorais. Pour ne pas me faire dévorer moi-même.

Bonheur éphémère

Plus les tournées étaient longues, plus je me garantissais que la vie tournait à plein régime. Guillermo et moi planifiâmes un voyage de huit semaines de tournois : Brésil, États-Unis, et Bogota pour finir. La durée prolongée des voyages ne m'effrayait pas car notre entente hors du court était simple et légère. Nous avions déjà écoulé une demi-année d'aventures à travers le monde. Il traversait avec moi cette épreuve d'arrachement, et j'avais pu m'appuyer sur sa présence afin de suivre un chemin tracé. Ce binôme avait le mérite de m'empêcher de me poser les questions que je me serais inévitablement posées, eussé-je été seule : comment faire pour vivre désormais ? Comment ça marche ? Comment trouver la force ?

Par sa seule présence, une réponse m'était imposée : tu vas sur le court de tennis avec Guillermo chaque matin, tu réserves vos billets d'avion, tu montes dans ces avions, tu te bats pour gagner tes matchs. Il sera toujours assis juste là, au bord du terrain, pour rendre à ton regard l'essence dont il a besoin. Voilà, c'était simple, c'était tout ce que la vie exigeait de moi. Notre centaine de dîners en tête-à-tête avait vu naître une confiance inhabituelle de ma part, nous partagions de plus en plus d'éléments personnels. Il me racontait sa famille, je me sentais proche de lui.

Au Brésil, une douleur à mon pied droit survint dès la deuxième semaine. Le verdict était simple : j'avais une tendinite. Mais la situation n'en était pas moins compliquée : la guérison pourrait avoir lieu en cinq jours comme cinq semaines. Comment savoir s'il valait mieux rester, et donc dépenser beaucoup d'argent, prendre l'avion pour le tournoi suivant en espérant être apte à le jouer ? Et si je décidais de faire onze heures d'avion pour rentrer, et que je n'avais plus mal une fois arrivée à la maison ? La culpabilité me rongerait alors jusqu'à la moelle. Être restés pour rien, être venus pour rien, être rentrés pour rien ? Ces décisions devant être prises au fond d'une chambre d'hôtel à l'autre bout du monde m'avaient toujours torturée.

Nous convînmes d'annuler ma participation au deuxième tournoi et d'accorder une semaine à la douleur pour disparaître. Dans le cas contraire, nous rebrousserions chemin. Je passai les jours qui suivirent à errer dans ma chambre d'hôtel, ou bien au club, regarder les autres filles s'affronter, entre quelques sessions de musculation. Étant contrainte de marcher le moins possible pour favoriser une guérison rapide, il m'était contre-indiqué d'aller explorer la ville de São Paulo. Au troisième jour, Guillermo me demanda plus formellement qu'à son habitude de le rejoindre pour discuter. Je quittai ma chambre et me dirigeai vers la réception de l'hôtel. Nous prîmes place sur un banc dans le hall d'entrée.

— Il faut que je te dise… J'ai eu une proposition pour aller travailler en Chine.

Je retins ma respiration.

— Je vois… C'est une proposition intéressante ?

— Ils m'offrent une somme conséquente. Trois fois le salaire que tu me verses.

— Alors je comprends. C'est une opportunité rare.

— Que dit notre contrat signé ?

— Je crois que nous avons deux semaines de préavis.

— Je peux finir ces deux dernières semaines au Brésil avec toi, si tu le souhaites.

— Oui, j'aimerais bien. Je ne veux surtout plus me retrouver seule, même pour une semaine.

— Si tu veux, j'ai un ami argentin qui est disponible. Il pourrait prendre le relais avec toi pour la suite des tournois, aux États-Unis.

J'acquiesçai sans même m'enquérir de détails sur cette nouvelle personne. Ma confiance en lui s'étendait jusqu'au choix de la personne qui lui succéderait. Et ma hantise de la solitude appuyait cette décision précipitée. Je le savais, je n'en aurais pas la force. Je vacillerais au premier obstacle. Que ce soit une erreur d'arbitrage sur le court, une défaite, un vol annulé, une chambre d'hôtel un peu lugubre, un échec de trouver une fille pour m'entraîner. Les pièges qui mettraient à l'épreuve ma fragilité étaient partout. Je m'écroulerais bien trop rapidement.

Mon pied se rétablit à temps : je pus jouer le troisième tournoi, dont j'atteignis la finale. J'étais très fière de faire un bon résultat pour honorer la clôture imminente de notre belle aventure.

La semaine suivante serait donc la dernière à ses côtés. Nouveau vol, direction Campinas, commune de l'État de São Paulo, et son magnifique *resort* privé rassemblant tennis, golf, piscine et une population visiblement très aisée. Au premier jour, j'observai un changement dans son attitude. La relation joueur-coach prend rapidement une dimension de vie de couple. Ainsi, les détails de comportement quasiment imperceptibles étaient pour moi devenus palpables comme s'il s'agissait de mon petit copain. Après tout, il s'agissait de notre trentième semaine en tête à tête. Le soir de mon premier match, remporté brillamment, il fila rapidement seul à l'hôtel. J'organisai la journée du lendemain sans lui, et pris la navette suivante. Dans le minibus, je reçus un message de sa part : il me prévenait qu'il m'attendait dans le lobby de l'hôtel. Je le retrouvai assis dans un fauteuil devant la réception, tripotant nerveusement un stylo. Il m'informa qu'il avait changé ses plans. Il souhaitait partir au plus vite, malgré ma victoire du jour. Il ne pourrait assister à mon deuxième tour. Je manquai cette fois à retenir ma respiration. J'étais trahie. La colère s'empara de moi. Tantôt la nécessité de faire son visa pour la Chine au plus vite l'empêchait de rester, tantôt sa femme était malade et avait un besoin impérieux de lui à ses côtés.

Je ne le revis plus. Il quitta le Brésil dans la soirée. Le lendemain matin, je prenais le petit déjeuner seule et préparais mon deuxième match seule.

À la suite d'un tel conflit, j'étais peu ravie de devoir travailler avec l'un de ses amis. Rejetant toujours aussi vivement l'idée de solitude, je suivis cependant le plan et me dirigeai vers Miami. Je fis la rencontre de Rodrigo.

S'ouvrir encore, raconter, faire confiance, inviter une nouvelle personne dans sa tête sur le court, dans sa vie hors du court. Une personne qui s'envolera peut-être vers un autre chemin d'ici une semaine à peine, qui sait. Mais sans s'ouvrir, sans raconter, sans faire confiance, aucune efficacité n'est possible. L'aspect psychologique de ce sport est bien trop important. J'en étais bien consciente.

Floride, mars 2016

C'est ma sixième semaine de voyage. Ma terre amoureuse a tremblé pour la énième fois il y a deux jours et j'ai capitulé. J'arrête de me débattre, d'essayer de changer le cours de la vie et j'accepte le sentiment de deuil qu'est un amour envolé. Je ne pleurerai plus.

Il me semble que je n'ai pas réussi à trouver le sommeil depuis une semaine entière. Il est 22 heures, il fait nuit noire et je suis dans le vestiaire du club de tennis d'Osprey en Floride. Hier, j'ai eu droit à cette injection de bonheur éphémère en remportant mon premier tour. Ça a duré une demi-journée, j'ai plané vraiment haut, comme c'est toujours le cas. Maintenant, c'est déjà l'heure d'une nouvelle déception à digérer. Je viens de finir un combat de 3 h 30 contre une Espagnole classée 80e mondiale. Je menais 6/2 5/3, et j'ai perdu. Je suis tellement épuisée que je ne sais même plus ce que je ressens réellement. Je ne comprends pas comment ce retournement de situation est arrivé. À vrai dire, je n'ai même pas le temps d'y réfléchir car je dois déjà penser à la suite. Au fond, c'est peut-être mieux comme ça. Avoir le temps de ressasser, c'est ce qui ronge de l'intérieur. C'est le cerveau qui ordonne aux organes d'avoir mal. Ces nuits blanches à revoir les points joués défiler dans la tête, je les ai en horreur. Demain matin à la première heure, Rodrigo et moi quitterons l'hôtel et prendrons la route pour Charleston en Caroline du Sud, où je débuterai un nouveau tournoi dans moins de quarante-huit heures. 7 h 40 de route. J'angoisse déjà d'avance de passer tant de temps dans une voiture avec cet homme que je ne connais que depuis une semaine. Qu'allons-nous bien pouvoir nous raconter ?

Le lendemain, dans la voiture, je reçois un appel de mon père. Il a une nouvelle à m'annoncer. Une mauvaise nouvelle. François est mort. François, qui m'a entraînée de mes douze à vingt et un ans. Un arrêt cardiaque devant le supermarché à côté de chez moi, a précisé mon père. François et moi nous étions disputés il y a un an pour une bêtise, et nous avions gardé le silence depuis. Je savais que nous nous réconcilierions bientôt. Bientôt dans une semaine ou bientôt dans un an, ça n'avait pas d'importance puisque nous nous aimions d'un de ces liens qui unissent pour la vie. Je me suis trompée. De toute façon, j'ai dit que je ne pleurerais plus. Alors au moins, c'est pratique maintenant.

Cet interminable voyage nous mène à un chemin que nous parvenons à peine à distinguer dans l'obscurité totale, puis au bout de celui-ci, une gigantesque maison dont seuls les Américains ont le secret. Cette semaine, nous dormons en *housing*. C'est-à-dire que le tournoi a demandé à des familles qui habitent à proximité du club d'héberger des joueuses. Ce système est très courant aux États-Unis. J'adore dormir en *housing* car le fait d'être dans une maison me donne un tout petit peu l'impression d'être à la maison. Les parents de la famille nous accueillent avec cet enthousiasme débordant dès le premier contact dont seuls les Américains ont le secret. Ils ont préparé un repas pour nous, nous nous attablons avec eux.

La maison a l'air de comporter quarante-huit pièces. Rodrigo est envoyé au premier, ma chambre à moi est au sous-sol, avec ma salle de bains, je suis la seule à cet étage.

Le lendemain matin, nouveau club, nouveau staff d'organisation, nouveaux terrains. Je suis déjà venue ici, il y a deux ans, accompagnée de celui que j'aimais. Quand toute cette nouvelle vie commençait, quand tout était si léger et heureux. Sur ce court là-bas, je nous revois, on riait aux éclats avec le ballon de football américain qu'on s'envoyait d'un bout à l'autre du terrain pour s'échauffer avant de jouer au tennis. Mes lancers étaient terriblement mauvais, ça nous faisait beaucoup rire.

Je perds en une heure à peine, je ne me rappelle même pas la dernière fois que j'ai si mal joué. Et pourtant je jouais si bien avant-hier en Floride, je ne comprendrai jamais ce sport. Je sors du court et je ne veux pas voir Rodrigo. Il est avec moi ici, loin de chez lui aussi, on est censés être une équipe désormais mais je sens que là tout de suite, je ne peux pas partager cette douleur de l'échec avec lui. Je fonce vers le fond du club et je m'assois à même le sol, adossée à un grillage. Je ne sais combien de temps je reste là. J'aimerais rester dans ce petit coin désert encore des heures si je le pouvais. Mais il est tard et il fait vraiment froid. Ma robe encore mouillée de mon match me colle à la peau, je commence à frissonner. Je me décide à repartir, je retrouve Rodrigo, mais où étais-tu, je t'ai cherchée partout, je commençais à m'inquiéter. Nous rentrons à la maison aux quatorze chambres. La famille américaine déborde toujours autant de sympathie et de bonne humeur, on est désolés pour toi, c'est tellement dommage pour ton match, vous pouvez rester ici autant que vous le souhaitez. Mon coach m'octroie un jour de repos sur place avant notre envol pour le dernier tournoi en Colombie.

Au petit matin, je peux enfin découvrir de jour mon nouvel habitat et ses environs. Depuis la cour d'entrée, j'aperçois une allée qui se faufile au milieu de la végétation. Je m'y enfonce allègrement. L'allée se transforme bientôt en un pont de bois qui s'étend sur plus d'une centaine de mètres, suspendu au ras d'une eau peu profonde, à peine visible au milieu des amas de hautes herbes qui en émergent. Au bout du pont, une plateforme de bois dotée d'un toit, à l'allure d'une maisonnette sans fenêtres, cette fois sur une véritable rivière. Je reconnais ce paysage de Caroline du Sud. Je comprends que je suis au milieu des anciennes plantations de coton qui étaient un berceau de l'esclavagisme quelques siècles plus tôt. Si le tableau de l'époque qui prend vie dans mon imagination l'espace de quelques minutes me glace d'effroi, ce que je vois ce jour est d'une beauté à couper le souffle. Je suis bientôt rejointe par le père de la famille. Il m'invite à utiliser un des jet-skis amarrés à la maisonnette flottante pour parcourir les environs. Si vous insistez.

Ivre de vitesse, la rivière m'appartient, je fais la course avec le reflet du soleil sur l'eau au milieu des dizaines d'autres maisons à la construction identique. Bientôt j'aperçois des dauphins nager, sauter, mais quel est ce spectacle auquel j'ai droit maintenant, d'où vient cette magie soudaine, je ne le sais pas, mais c'est pour moi et moi seule, j'accélère et j'ouvre grand mes sens pour m'imprégner du mieux que je peux de cette offrande qui dissipe instantanément tous les pourquoi.

*

Dans l'avion pour Bogota, je suis prise d'une fatigue soudaine. Je peine à me lever pour parcourir les cinq mètres qui me séparent des toilettes.

Arrivée dans la chambre d'hôtel, la fièvre me saisit pour de bon. Je reste au lit toute la journée, puis le lendemain. Les médicaments ne produisent aucun effet. Ma température ne cesse de monter, dépasse 41, on m'emmène à l'hôpital.

Je fournis un effort ultime pour passer les examens. Je ne peux plus tenir debout, je ne peux plus tenir assise. J'attends, en position allongée, un masque sur la bouche, les résultats dans la salle d'examen.

La pneumonie est une infection des poumons, d'origine bactérienne ou virale. J'ai une infection des voies respiratoires. J'ai arrêté de pleurer mais j'ai arrêté de respirer.

On m'assoit sur un fauteuil roulant et on me conduit vers une véritable chambre d'hôpital. On m'installe sur le lit. On me perce le dessus de la main pour y installer une perfusion. En Colombie, on ne dispose pas des techniques médicales pour identifier ce qui a déclenché l'infection. On a résolu le problème, on m'injecte tous les antibiotiques existants afin de couvrir toutes les possibilités.

J'ai soif. Les yeux à demi-ouverts, j'entrevois un verre d'eau posé sur la tablette. Si je tends le bras, je peux l'attraper. J'ordonne à l'impératif le plus impératif à mon bras de l'attraper. Sans succès. Mon corps refuse de répondre, je n'ai jamais ressenti une douleur aussi insoutenable. Le peu d'esprit qu'il me reste se demande : « Comment font ces gens qui sont hospitalisés pendant des mois pour un cancer ou autre maladie grave ? Je n'ose même pas imaginer leur degré de souffrance. »

La maladie ouvre encore plus grand les bras, elle m'offre une pause, je la laisse volontiers m'emporter. Pneumonie, je suis à toi tout entière. Mon corps est aspiré par son souffle chaud, ma tête, elle, sombre dans un havre de paix, et cesse d'enregistrer.

Trois ans plus tard…

J'ai toujours un sentiment particulier lorsque je suis dans cette salle d'attente, mais je ne saurais la décrypter. Est-ce que je mets un poids imaginaire à ces visites moi-même car j'ai malgré tout ancré en moi les préjugés universels d'une visite chez le psychologue ? Est-ce parce que j'ai le sentiment qu'il y a écrit « problème » sur mon front pour l'homme qui est assis en face de moi et pour la secrétaire qui vient de m'indiquer la direction de la salle ? Alors que je m'égare dans l'analyse de l'authenticité et l'élégance du style haussmannien de la pièce, et me lance dans des questions existentielles du type « savoir si on peut entendre le vieux parquet craquer depuis l'étage inférieur », la petite fille assise sur ma droite semble reprendre le cours de mes pensées. Elle paraît avoir cinq, six ans tout au plus. Elle s'adresse à sa mère, qui l'accompagne :

— Maman, comment ont-ils fait ces moulures sur les murs ?

— Je crois qu'elles sont faites à partir de plâtre dans un moule et posées ensuite sur le mur.

— Tu penses que c'était quand ?

— Oh, il y a sûrement très longtemps.

— Combien de temps ?

— Probablement plus de cent ans, je ne sais pas…

J'entends une porte s'ouvrir, et le rire aigu de Jeanne Siaud-Facchin, à gorge déployée, transperce le mur du couloir et me ramène à la réalité. Mes pensées s'accélèrent. Pourquoi suis-je ici, déjà ? De quoi voulais-je lui parler ? Aujourd'hui, je ne suis pas sûre de vouloir évoquer le tennis. Qui de l'extérieur peut de toute façon véritablement comprendre ce que l'on vit ?

Elle fait irruption et m'imprime la petite comédie qu'elle me réserve habituellement : le rire s'est effacé de son visage, elle prend un air très sérieux et me lance un « Bonjour M'dame ! ». Contenu faussement formel, ton familier. Il n'y a pas de distance entre nous. C'est simple, c'est fluide.

Nous entrons dans son bureau et prenons place l'une en face de l'autre. Comme à mon habitude, j'attrape les petits jouets qu'elle a sciemment posés sur le rebord de la table, juste devant le siège de son interlocuteur. Aujourd'hui ce sont des galets magnétiques de toutes tailles qui s'empilent pour former une petite tour. Je les décolle et les recolle machinalement en attendant qu'elle me sorte de ma tétanie passagère.

— Alors, tu en es où ?

J'essaye comme à mon habitude tant bien que mal de trouver par quel moyen déballer en quatre minutes les mille cinq cents heures de péripéties que j'aimerais décortiquer avec elle et analyser dans les moindres détails. Me servir de son savoir pour nourrir du mieux possible l'illusion de tâtonner la vérité, de contrôler, de comprendre.

À peine dix minutes plus tard, nous y voilà. Le tennis. Le décisionnaire de mon bonheur, le moteur de mon humeur passagère. Chaque parcelle de mon système digestif s'agite. Je voyage à nouveau seule depuis des semaines. Je lui fais part de mon éternelle tristesse dans cette solitude. Et de mon sentiment de défaillance dans ce système.

— Tu ne peux pas être seule, tu as besoin de partager. Qu'on soit avec toi, qu'on soit fier de toi.

— Oui mais les autres semblent y arriver elles…

— Tu n'es pas les autres.

Je reste silencieuse. C'est ma manière d'acquiescer. Nous n'avons nul besoin d'approfondir, elle sait que mon silence signifie que je vois très bien ce qu'elle veut dire. Elle reprend :

— Tu n'as pas envie d'essayer d'autres choses ?

— Le tennis est la seule chose au monde qui me fasse vivre cette vie de challenge, cette intensité, me nourrisse assez pour s'approprier tout mon être, s'enchaîne indéfiniment dans le temps et m'assomme tellement que je n'ai plus le temps de penser. Je ne vois rien d'autre sur terre qui me procurerait une adrénaline à la hauteur de ce que le tennis m'offre.

— Je pense que tu te trompes. Il y a beaucoup d'autres domaines qui procurent ce type d'adrénaline. Un chanteur qui monte sur scène, un comédien, par exemple.

— Ce n'est pas pareil. Ça ne sera jamais pareil.

— Qu'en sais-tu ? Tu n'as jamais essayé.

Je suis bornée, têtue, je suis agacée. Elle ne peut pas comprendre. Le tennis, c'est toute la vie. Point.

— Je pense qu'à force de tout donner au tennis, tu t'appauvris. Car tu passes à côté de beaucoup d'autres choses, explique-t-elle. N'y a-t-il jamais eu autre chose que tu te serais vue faire dans ta vie ?

Dans mon esprit se dessine alors cette liste que j'ai un jour écrite dans le bloc-notes de mon téléphone portable, il y a quelques années. Des rêves à cocher, un jour peut-être. Quand le temps du tennis serait révolu. Car cette période de tennis, à mes yeux, ne compte pas dans le temps. J'en ai l'illusion d'une parenthèse fictive : la vie véritable commencera ensuite.

— J'aimais beaucoup dessiner et suivre le process de fabrication de mes tenues de tennis avec mon sponsor vestimentaire, admets-je. Sinon, écrire… Oui, je me suis toujours dit que j'écrirais un jour.

— Oui, je vois. Tu as besoin de créer. Avec les tissus, les couleurs. Avec les mots.

— Et puis…, ajouté-je timidement. Peut-être jouer la comédie. C'est un rêve de gosse que j'ai laissé au placard car j'y ai mis l'étiquette inaccessible. Hors de la réalité. N'existe pas dans mon monde.

— Eh bien moi, je trouve que ça t'irait bien.

Là-dessus s'achève notre séance. Je sors du cabinet avec ce sentiment de légèreté habituel : le ciel s'est éclairé, tout a plus de sens. Je suis heureuse.

J'aurais aimé l'assaillir de mille questions supplémentaires afin d'alimenter ma compréhension de la psychologie, de la vie. Mais je l'entends me répondre : « Alizé, nous ne sommes pas là pour parler des autres. ».

Les jours s'enchaînent avec ce sentiment têtu. Je lui donne raison sur tout, mais alors là, elle se trompe ! Le tennis, c'est ma plus belle histoire, il n'y a rien qui puisse rivaliser. Et puis, mon prochain tournoi arrive à grands pas. Il aura lieu en Sardaigne. Trois jours de pause à Paris, c'est déjà beaucoup, il me faut déjà vite reprendre cette vie de conquête.

À Santa Margherita di Pula, je dois jouer les qualifications. Mes blessures récentes ont vu mon classement redescendre jusqu'à la 400e place mondiale, rang que je n'ai pas côtoyé depuis mes vingt ans, lors de mes débuts. J'affronte sous dix degrés Celsius, dans la nuit noire, sur un court mal éclairé, sans arbitre, une jeune bulgare qui triche sur les balles importantes avec une décomplexion stupéfiante. Je me suis entraînée sur surface en dur intérieur depuis un mois, je suis maintenant sur terre battue extérieure, je n'ai pas eu de coach avec moi depuis des semaines, mon adaptation est lente, mon niveau est pour le moins mauvais. Mais j'ai déjà dépensé sept cents euros pour être ici, je veux remonter au classement, je n'ai pas le choix, je me bats. À 22 h 30, je finis par perdre le match au jeu décisif, de quatre points d'écart.

Je sors du court avec cette sensation de nausée envahissante, de ventre perforé, la tête brûlante, que je ne connais que trop bien. Et soudain, je songe à quoi ressembleront les huit mois qu'il reste de cette année. Est-ce véritablement ce que je veux vivre ? Et si effectivement je passais à côté d'expériences plus merveilleuses, plus enrichissantes, maintenant que j'ai désormais la sensation d'avoir tout exploré dans ce domaine ? Maintenant que ma seule motivation consiste à courir après les victoires et un classement ?

Je ne me sens pas le choix, je suis toujours embarquée dans cette roue qui ne s'arrêtera pas du jour au lendemain. Je suis inscrite à Calvi la semaine suivante. Digestion douloureuse de mon échec, avion pour Paris, et deux jours plus tard, direction la Corse, le sourire retrouvé.

Nouveaux courts, nouveau *club house*. Nouveau jour de compétition, alimenté de cette tension si habituelle qu'elle en devient presque indicible. Je suis avachie sur le canapé du salon des joueuses. Je me relève et me penche sur mon sac pour attraper mes barres énergétiques. C'est alors que le fantôme de moi se détache de mon corps, s'en va flotter dans la pièce et observe.

Face à moi, une joueuse russe a, comme moi, ses écouteurs sur les oreilles, n'adresse ni parole ni regard à sa mère qui est assise à côté d'elle, et verse minutieusement plusieurs cuillères bien dosées de poudre de boisson énergétique dans une grande bouteille d'eau.

Dans le canapé sur sa droite, une autre joueuse dont je ne connais pas la nationalité se tient droite comme un I et investit toute sa concentration pour se plier à l'exigence du détail que nécessite l'application d'un nouveau grip sur sa raquette.

Chaque personne a l'air d'ignorer parfaitement la présence des autres êtres humains dans cette pièce.

À cet instant précis, je pense : voilà dix ans que ce qui est important pour moi, dans ma vie, comme ici à Calvi, ce sont mes barres énergétiques, mon grip, ma boisson d'effort bien dosée. Voilà dix ans que j'ignore consciemment ces personnes assises dans mon champ de vision.

À cet instant précis, je pense que quelque chose cloche.

À travers la vitre du *club house*, je peux entrevoir trois copines joueuses de tennis françaises installées sur la terrasse. L'atmosphère y semble plus joviale, je décide de les rejoindre.

On est mardi. Et tous les mardis, à 15 heures, c'est la limite des retraits pour les tournois qui se déroulent deux semaines plus tard. Il est 13 heures. S'engage alors la discussion classique qui a lieu chaque semaine lorsque nous nous retrouvons réunies à cette heure de ce jour :

— Vous laissez quels tournois pour la semaine du 22 avril ?

— Je pensais aller en Sardaigne mais je vais être dans les qualifications, ce n'est peut-être pas le meilleur choix stratégique.

— Les terrains sont terriblement mauvais là-bas et je déteste l'ambiance, je ne m'y sens jamais très bien.

— Moi je n'ai pas vraiment le choix, j'ai gagné ce tournoi en Sardaigne l'année dernière. Si je ne défends pas mes points là-bas, je perdrai 100 places au classement !

— Il y a l'Ouzbékistan aussi, vous avez vu le tournoi n'est pas fort du tout… Mais il paraît que les conditions y sont terribles. Et le billet d'avion est très cher, il coûte 1 000 euros ! Tu ne veux pas y aller avec moi Alizé ? On pourrait partager la chambre d'hôtel ?

Je déteste mentir, je déteste être évasive, je déteste répondre sans être en phase avec mes idées et mon ressenti. Et pourtant cette fois-ci, je ne vois rien d'autre à faire. Oui franc, oui nuancé, non jamais de la vie, je n'en sais rien…

— Oui pourquoi pas ? On voit comment évoluent les listes et on se dit…

Je sais au fond de moi qu'aller en Ouzbékistan dix jours plus tard est la dernière chose dont j'ai envie, et pourtant lorsque Lou me lance cette idée, je l'envisage vraiment. J'ai immédiatement en tête l'image d'elle et moi en train de découvrir les terrains ouzbeks, batailler contre des Russes sur des terrains en ciment bleu, je les entends déjà crier « Davai ! », tiens je devrai emporter ma nourriture de petit déjeuner et mon autocuiseur pour faire du riz dans la chambre car je sais que se nourrir avant les matchs pourra être problématique là-bas…

C'est mon mode de vie depuis dix ans, c'est ce que je suis censée faire, choisir une destination, y aller et me battre sur le court une fois là-bas. Mais si toutes les options qu'elles évoquent défilent en images dans ma tête, cette fois-ci, aucune d'entre elles n'allume la moindre étincelle en moi.

Aujourd'hui, avant 15 heures, je me retirerai de tous les tournois car pour la première fois en dix ans, je n'en ai pas envie.

Les mots de Jeanne ont-ils fait chemin dans ma tête ? Ont-ils résonné si fort sans même que je m'en aperçoive ? J'étais pourtant si sûre de moi il y a deux semaines à peine.

Les jours suivants, je romps avec mes habitudes. Je m'extasie de cette libération que j'expérimente de façon si soudaine. Je me réjouis de casser certains de mes propres codes personnels en continuant de m'enthousiasmer d'une rébellion si prononcée : je m'autorise à lire un livre d'une profondeur poétique dans le salon des joueuses juste avant un match, je prends un bain une heure avant un autre, je souris au chauffeur qui avait oublié de venir me chercher à l'hôtel, quand j'aurais normalement rouspété qu'il me contraigne ainsi à me presser dans ma préparation d'avant match et à réduire mon échauffement physique de dix minutes.

Je lève toutes ces contraintes qui ont conditionné ma vie et rythmé mon quotidien, créant pour moi un tunnel sans fin auquel je pouvais toujours me raccrocher et qui m'assurait de pallier éternellement ma peur du vide. Le tennis, ça ne s'arrête jamais. Ce sport développe par excellence l'éternelle insatisfaction et offre un renouvellement de défis sans fin. Rien n'est jamais acquis. Chaque point, chaque jeu doit se gagner. Un match peut se renverser à chaque instant. Si tu gagnes un match, il te faut gagner à nouveau le lendemain. Si tu gagnes un tournoi, il te faut gagner celui de la semaine suivante. Chaque lundi, le classement est réactualisé et quelqu'un peut te passer devant. Si tu fais une bonne saison, il te faut confirmer lors de la prochaine, qui débute après un à deux mois de break seulement. Pendant ce break, tu t'entraîneras pour être meilleure à la rentrée. L'objectif est là, juste là, tout le temps, pour te tirer de ton lit et te donner du pain sur la planche. Qu'il s'agisse d'un entraînement ou bien d'un match. Le tennis offre un fil auquel se raccrocher chaque matin, et j'ai été rassurée d'attraper ce fil pendant toutes ces années. Ma vie ne serait jamais vide. À la poursuite du challenge le jour, assommée par la fatigue physique la nuit. Les rebondissements perpétuels ne laisseraient jamais place à l'ennui meurtrier.

De retour à Paris, me retirer des tournois m'offre une visibilité de deux semaines à la maison pour planifier une vie. Chose qui ne m'est arrivée que très rarement ces dix dernières années. J'en profite donc pour mettre en marche la curiosité :

je vais tirer des ficelles pour aller à la rencontre d'un nouveau domaine.

Je fais appel à ma persévérance habituelle pour rencontrer la personne que je souhaite et, trois jours plus tard, me voici dans les bureaux de la plus grande agence artistique française. Émilie est bienveillante et prend le temps de répondre à toutes mes questions concernant le fonctionnement du milieu.

— Tout le monde veut devenir comédien. Peu sont prêts à travailler.

— Je suis très travailleuse.

— Je pourrais t'envoyer maintenant pour passer des castings. Les chaînes de télévision françaises raffolent de nouvelles têtes venues de différents horizons, comme le sport. Mais si tu échoues, tu seras grillée pour de bon. Tu n'auras pas de deuxième chance.

— Alors je me préparerai.

— Tu peux aller dans une de ces deux écoles pour te former. Elles sont réputées.

Elle attrape un papier sur lequel elle commence à griffonner. Je m'empresse de l'interrompre.

— Je ne veux pas aller dans une école à temps plein. Ne connaissez-vous pas un coach qui pourrait me faire découvrir l'exercice ? Dans un premier temps, pour savoir si ça me plaît.

Elle a l'air d'hésiter. Elle a visiblement une botte secrète, qu'elle ne voulait pas me révéler, car elle ne me prenait pas totalement au sérieux. Son regard me scrute plus intensément puis, face à ma persistance, elle capitule, me cède l'information, sans grande conviction.

— Il y a cette coach que je connais très bien… J'ai une immense confiance en elle. Elle saura me dire si tu es prête ou non. Je peux te donner son contact.

— Elle donne des cours particuliers ?

— Elle organise des ateliers de groupe. Je te préviens, ce sont des acteurs professionnels. De tous les âges, tous horizons. Au moins, tu seras propulsée dans le métier et ça te forcera à avancer plus vite.

J'acquiesce. Elle me tend le numéro de téléphone. Je sors du bureau, dévale les escaliers et regagne la rue du Paradis. J'attrape immédiatement mon téléphone portable et compose les dix chiffres griffonnés sur le petit papier. Je laisse un message vocal à la dénommée Stéphanie.

Deux semaines plus tard, je suis attablée à une petite table de brasserie parisienne, sirotant un jus de tomate face à cette femme blonde d'une beauté pulpeuse que le temps a l'air d'avoir épargnée. Nous convenons de ma première participation à un de ses ateliers pour la semaine suivante.

Le lendemain, j'apprends que la déception de ma douloureuse défaite en demi-finale de Calvi a finalement pour moi une issue heureuse : grâce à ce tournoi, j'ai marqué assez de points au concours des joueuses françaises pour obtenir une invitation dans les qualifications de Roland-Garros ! Je préviens Stéphanie que mon arrivée dans son groupe est retardée.

L'ascenseur émotionnel n'étant jamais bien loin, je subis un tirage au sort malchanceux et tombe d'entrée face à la première tête de série des qualifications. La douleur est toujours proportionnelle à l'importance accordée au tournoi. Il s'agit de Roland-Garros : l'échec devient alors synonyme de mort, je sens la vie s'envoler de moi à nouveau, je suis aspirée par le néant, se lever du lit devient la tâche la plus compliquée de l'univers.

Mais cette fois-ci, j'ai un remède. Le mystérieux atelier de Stéphanie m'attend.

Dès le lendemain, la salle de théâtre au décor obsolète, les dix nouveaux visages et leurs conversations chargées de jargon incompréhensible à mes oreilles, captent tant mon attention que Roland-Garros me paraît déjà un lointain souvenir.

Nous nous tenons debout en formant une ronde. La comédienne située sur ma gauche a choisi une longue phrase compliquée que nous devons répéter sur le modèle du téléphone arabe. Nous devons y associer l'émotion dictée par la coach. Ainsi, elle nous impose une dissociation entre texte et émotion, afin de rendre l'exercice plus difficile. Fusant de personne en personne, la phrase se déforme jusqu'à perdre totalement son sens et devenir cocasse. Neutre, sourire, rire, séduction, colère froide, colère sortie, toutes les émotions y passent. Je tombe dans le panneau en novice que je suis : ils rient, j'oublie que c'est précommandé, je me mets à rire aussi, pensant que quelque chose est drôle. Puis, je vois les acteurs un à un se mettre à hurler, je sens l'atmosphère se glacer, mon sang se figer. J'ai l'impression de voir une bande de fous à lier, mais le système d'enchaînement me transporte avec eux, et je les imite sans même avoir le temps de me poser de questions.

Nous épuisons la palette d'émotions, lorsqu'elle annonce : « discours politique, façon dictateur ». Elle attrape une chaise, la place au centre du cercle humain que nous formons. Elle nous indique tour à tour de nous hisser dessus, debout face au groupe pour énoncer la phrase, devenue si insensée qu'elle en est maintenant totalement risible. Mon cœur bat à tout rompre. Je crois que pour une fois, j'aimerais ne pas avoir à y aller. Il n'y a aucun moyen de s'échapper, les performances s'enchaînent, la coach fait preuve de cette autorité naturelle qui pousse à s'exécuter sans discuter. Mon travail mental tennistique comprenait l'apprentissage à oublier le regard des autres. Cette situation défie tout ce que j'ai connu à ce sujet. Je rassemble tout mon courage et me hisse face à cette petite assemblée déjà bien trop grande. C'est parti, je tente une interprétation, j'ai l'impression de me jeter du dixième étage, qu'on m'a retiré tous mes vêtements, je réfléchis à mon intonation de voix sans même savoir où mes yeux se posent, il paraît que je me suis adressée à une assemblée de nains, ouf c'est terminé, je peux redescendre. Je pense alors aux paroles de Jeanne : je l'admets, l'adrénaline existe ailleurs qu'au tennis.

Une fois les exercices terminés, nous nous attelons à de vraies scènes. Je joue donc pour la première fois. Stéphanie est très positive, encourageante. Elle me confie son premier conseil :

— Ne stoppe pas les émotions. Laisse-les monter.

Je viens de passer dix ans de ma vie à apprendre à bloquer et canaliser mes émotions par mille subterfuges. Dois-je maintenant les laisser monter afin d'être plus performante ? Quelle étrange logique.

A touch is a blow,
A sound is a noise,
A misfortune is a tragedy,
A joy is an ecstasy,
A friend is a lover,
A lover is a god,
And failure is death.

Pearl Buck

Remerciements

Merci à mes parents pour leur présence et leur générosité sans faille. Merci d'avoir permis *l'infini des possibles*.

Merci à Cloé d'être près de moi à chaque instant de vie si intense.

Merci à Jeanne de toujours m'indiquer la voie 9 3/4.

Merci à Florent de m'avoir encouragée dans le griffonnage de mes premières bribes au crayon à papier dans les chambres d'hôtel.

Merci à Norbert de m'avoir offert un dernier souffle de bien-être dans mon tennis.

Merci à Karine de m'avoir donné la passion pour un nouveau jeu.

Achevé d'imprimer en avril 2021 en France par Présence Graphique

Dépôt légal : mai 2021 – N° éditeur : MAGSI20200149

PEFC 10-31-2677